Vorwort

Als herausragende Eigenheit der antiken Literatur und Kunst gilt die Konzentration auf den Menschen. Nicht die Objekte, das, was dem Menschen zur Erkenntnis und Bearbeitung vorgegeben ist, stehen im Mittelpunkt des Interesses. Der Mensch selbst interessiert am meisten, wie er sich sieht, deutet, beurteilt, zu anderen in Beziehung bringt, sich auf Regeln und Gesetze besinnt, sich im Staat einrichtet, sich über alles Maß hinwegsetzt, sich als den Mächten des Schicksals und der Götter ausgeliefert erkennt.
Diese Orientierung mag auf Sokrates, den Philosophen Athens, zurückzuführen sein; er hat das Denken und Forschen, da es sich gleich am Anfang auf „die Natur und die Dinge am Himmel" zu richten anschickte, mit Vehemenz zu den Fragen des Menschen zurückgeholt; wie der Römer Cicero sagt, „er hat die Philosophie als Erster vom Himmel herabgerufen und in die Städte und Häuser der Menschen eingeführt, er hat sie gezwungen, sich über das Leben und die Werte, über das Gute und Schlechte Fragen zu stellen."
Dieses Fragenstellen ist in nahezu allen Literaturgattungen vorherrschend und erfasst alle Belange, in denen sich der Mensch zu bewähren hat: die Politik und die dort wirksamen Herrschaftsmechanismen, das soziale Zusammenleben, die Begegnung mit fremden Kulturen und Machtgebilden, die Entdeckung des eigenen Ichs, das Streben nach persönlichem Glück, die Erfahrung der Abhängigkeit von höheren Mächten usw.
Das vorliegende lateinische Lesebuch will sich in neun Unterrichtsprojekten diesem Phänomen Mensch annähern, das sich unaufhörlich – geradezu „sphinxartig" (so der Titel des Umschlagbildes von Paul Klee) – das Rätsel der Selbsterkenntnis stellt. Dabei liegen jeweils neuartig arrangierte Lektüremodelle vor; sie stellen zwar einen Originaltext in das Zentrum, sie bringen jedoch auch die historischen und literarischen Hintergründe sowie die Wirkungsdynamik des antiken Textes in Europa durch Rezeptionsdokumente gleichrangig zur Geltung. Auf der Grundlage des so erarbeiteten Wissens kann sich bei den Schülerinnen und Schülern nicht nur ein Verständnis für die geistigen Grundlagen unseres Kulturraums einstellen, es wird sich auch eine vertiefte Auseinandersetzung mit den existentiellen Fragen des Menschen anbahnen. Zur Methode des Übersetzens kommt vor allem die des Vergleichens hinzu, hauptsächlich zwischen Antike und Gegenwart.
All dies bietet die Gewähr, dass sich neue Einsichten in den Erfahrungshaushalt des jungen Menschen integrieren und seine Entwicklung zu einer eigenständigen Persönlichkeit fördern – was eben Ziel einer modernen humanistischen Bildung sein sollte.

Prof. Dr. Friedrich Maier

Didaktische Hinweise

1. Zum Gestaltungskonzept

Die vorliegende Textausgabe wurde von einem Autorenteam verfasst, vom Herausgeber und den Teilnehmern eines fachdidaktischen Hauptseminars an der Humboldt-Universität zu Berlin. Diesem Konzept liegt die Überzeugung zugrunde, dass junge, angehende Lehrer, zumal sehr engagierte, die Chance haben sollen, einmal ihre noch frisch am eigenen Schülerdasein orientierte Vorstellung von einem attraktiven Lektüreunterricht in einer speziellen Ausgabe zu verwirklichen. Insofern stellen die Lektürevorschläge ein Experiment dar. Die vorliegenden Unterrichtsprojekte haben jeweils einen anderen Urheber; sie sind freilich im Aufbau, soweit möglich, parallel angelegt. Einige Veränderungen und Ergänzungen mussten vom Herausgeber, um die nötige Einheitlichkeit zu gewährleisten, vorgenommen werden; er trägt die Verantwortung für die Ausgabe.

2. Zu den Aufbau-Elementen eines Unterrichtsprojekts

Jedes Projekt baut sich aus bestimmten Kernelementen auf; dazu gehört erstmals auch eine didaktische Begründung des jeweiligen Themas für die Schülerinnen und Schüler; darin wird versucht, deren Interesse für den Lektüregegenstand zu gewinnen. Im Einzelnen sind es folgende Elemente:

1. Projekt-Begründung
2. Informationen zu Geschichte, Autor und Werk
3. Hinführung zum Text
4. Lateinischer Text
5. Parallel- und / oder Vergleichstexte
6. Dokumente der Rezeption in Text und Bild
7. Formen kreativer Gestaltung des Themas
   (z.B. Collage, Schülerzeichnung) und Anstöße dazu.

Eine stärkere Variierung der Elemente kann besonders im Schlussteil der Projekte auftreten. Viele der angebotenen Materialien lassen sich zur Freiarbeit, auch zum handlungsorientierten Unterricht einsetzen. Die Übersetzungstexte sind weitestgehend kolometrisch angelegt, so dass ein besserer Zugriff gerade auf die längeren Satzperioden möglich wird.

3. Zu den Einsatzmöglichkeiten der Unterrichtsprojekte

Die Projekte dieses Lesebuches eignen sich als Zwischenlektüre ab Jahrgangsstufe 9 bei L1 sowie in Jahrgangsstufe 10 bei L2. Der Großteil der Projekte ist auch für die Oberstufe (besonders für den Grundkurs) geeignet, zumal bei L3. Die Lektürethemen können auch einzeln oder als Ganzes am Ende des Lateinunterrichts vorgeführt werden. Da ihre Inhalte zur kulturellen Allgemeinbildung gehören, lassen sie das Fach im Rückblick als sinnvoll und seine Stoffe als Bereicherung erfahren. Bei den Kurzformen des Lateinunterrichts lässt sich mit diesem Lesebuch wohl die gesamte Lektüre bestreiten, zumal Zentralautoren wie Nepos, Caesar, Livius, Sallust, Sueton, Ovid, Cicero, Seneca und Horaz vorgestellt werden (Catull ließe sich in einem Kurzprogramm ergänzend hinzufügen).

4. Zum Zeitrahmen für die einzelnen Projekte

	bei L 1	bei L 2	bei L 3
Nepos	5 Std. (9. Jgst.)	5 Std. (10. Jgst.)	5 Std. (11. Jgst./OSt.)
Caesar	8 Std. (9. Jgst.)	10 Std. (10. Jgst.)	10 Std. (11. Jgst.)
Livius	4 Std. (11. Jgst.)	4 Std. (11. Jgst.)	4 Std. (OSt.)
Sallust	4 Std. (11. Jgst.)	5 Std. (11. Jgst.)	4 Std. (OSt.)
Sueton	5 Std. (11. Jgst.)	5 Std. (11. Jgst.)	5 Std. (OSt.)
Ovid	6 Std. (10. Jgst.)	6 Std. (11. Jgst.)	6 Std. (OSt.)
Cicero	4 Std. (11. Jgst.)	5 Std. (11. Jgst.)	5 Std. (OSt.)
Horaz	6 Std. (11. Jgst.)	6 Std. (11. Jgst.)	6 Std. (OSt.)
Seneca	10 Std. (11. Jgst./OSt.)	12 Std. (OSt.)	12 Std. (OSt.)

5. Siglen

a Aufgabenstellungen zur Bearbeitung der Original-, Parallel- und Vergleichstexte sowie zur kreativen Auseinandersetzung mit Text und Thema

i Informationen zu Autoren, Werken, literarischen Gattungen und Texten, zum Verständnis der politischen und kulturellen Hintergründe sowie der Rezeption der Texte in der Geistes- und Kulturgeschichte Europas

NEPOS

DER EID DES HANNIBAL

Oder: Ob man ein Kind auf ewigen Hass einschwören darf
von Grit Arlt

Reichsjugendtag in Potsdam am 1. Oktober 1934

1. Projektbegründung

Der Mensch bedarf des Zusammenlebens mit anderen; für ein Dasein als einsam und allein Lebender ist er nicht geboren. Der griechische Philosoph Aristoteles (384-322 v. Chr.) hat dafür den – bis in die Neuzeit – gültigen Satz formuliert: „Der Mensch ist von Natur aus ein auf Gemeinschaft hin angelegtes Lebewesen." (ὁ ἄνθρωπος φύσει ζῷον πολιτικόν). Der bedeutende mittelalterliche Theologe Thomas von Aquin (1225-1274) hat nach über 1500 Jahren diese These bekräftigt und in sein Menschenbild aufgenommen: *Homo natura animal sociale et politicum est.* Das politische Wesen Mensch kann nach dieser Theorie nur in einem Staat leben, also in einer von ihm selbst geschaffenen politischen Organisation, die von Ordnungsregeln, Gesetzen und gemeinsamen Zielsetzungen zusammengehalten wird.
Jeder Staat hat aber auf Dauer nur Bestand, wenn ihn Überzeugungen und Ideen tragen, denen die Staatsmitglieder, die Bürger, in ihrer Gesamtheit oder in der Mehrheit zustimmen. Solche „durchdachte Rechtfertigung" (Niklas Luhman) oder ein solches Ideenkonzept, auf die sich jeder Staat stützt, nennt man Ideologie.
Ideologien wirken suggestiv, nehmen in Bann, im Extremfall beeinflussen sie massiv, sie manipulieren, sie verpflichten den Menschen auf den Staat und seine Ziele. Das kann auf ganz verschiedene Weise geschehen: durch Gesetze und Gebote, durch politische Vorgaben für die Lehre an Schule und Universität, manchmal sogar durch Eidleistung. Die Verhaltensweisen und Denkrichtungen, wozu sie verpflichten, können wiederum sehr unterschiedlich sein; im äußersten Fall sogar Hass und Feindschaft auf die Mitglieder anderer Staaten oder Zivilisationsräume. Bei politischen Konfliktsituationen zwischen Völkern ist dies in der Regel der Fall.
Die Beeinflussung der Bürger, die Indoktrination kann dabei schon im Kindesalter beginnen. Darf man aber ein Kind auf den Hass gegenüber den Fremden, gegenüber einem anderen Volk oder Staat einschwören? Dies ist eine zutiefst moralische Frage. Politik und Moral stehen in engster Verbindung. So sehr jeder Mensch den Staat braucht, so eingehend sollte er sich dieses Befundes seiner politischen Existenz bewusst werden, und zwar von Jugend an. Insofern ist das richtige Einleben des Menschen in seinen Staat auch ein elementares pädagogisches Anliegen.

2. Informationen zu Geschichte, Autor und Werk

1

Ceterum censeo Carthaginem esse delendam!

„Im Übrigen ist es meine Überzeugung, dass Karthago vom Erdboden getilgt werden muss!" Bei Marcus Porcius Cato (234-149 v. Chr.) wurde dieser Ausspruch zur ständigen Redewendung, die er im Senat und bei jedem Auftreten in der Öffentlichkeit beharrlich vortrug.

Das *ceterum censeo*... hat die Zeiten als geflügeltes Wort überdauert. Lodernder Hass muss den Mann beseelt haben, der so hartnäckig die Auslöschung einer Stadt und eines ganzen Volkes betrieb. Mit diesem Hass gegen Karthago und das Volk der Punier war für die Römer ein Name unauslöschlich verbunden: Hannibal, der Protagonist des 2. Punischen Krieges. Das Trauma, das er bei den Römern auslöste, als er im Jahr 215 v. Chr. mit seinen Truppen vor den Toren Roms stand (*Hannibal ad portas!*), vermochten die Römer über Generationen hinaus nicht zu verwinden.

Hannibal überquert die Alpen, Detail aus einem Fresko von Jacopo Ripanda, 15. Jh., Rom, Palazzo dei Conservatori

Dies hatte sich auch zu Nepos' Lebzeiten, über ein Jahrhundert nach Hannibals Tod, noch nicht geändert. Mit der Person Hannibals ist der Entscheidungskampf zwischen Rom und Karthago auf das Engste verknüpft, eine der wichtigsten Stationen auf dem Weg Roms zur Weltmacht – wie die Römer selbst erkannten. Die Überzeugung, dass erst durch diesen Kampf Rom sich seiner Kraft und Herrschaftsfähigkeit bewusst wurde, gipfelt symbolisch in der Eidszene: der junge Hannibal muss vor seinem Vater ewigen Hass gegen Rom schwören. Die Schilderung dieses Ereignisses findet sich bei Livius (*Ab urbe condita* XXI 1,4) und etwas ausführlicher bei Nepos (*Hannibal* 2,3).

2

Cornelius Nepos – Leben und Werk

Cornelius Nepos lebte etwa 100-25 v. Chr. und stammte wahrscheinlich aus Ticinum (dem heutigen Pavia) in Norditalien. Über sein Leben ist nicht viel bekannt. Er lebte zurückgezogen und widmete sich ganz seiner literarischen Tätigkeit. Sein erstes Werk – *Chronica*, eine Weltgeschichte in drei Bänden – ist nur in Fragmenten erhalten, ebenso wie sein zweites, die *Exempla*, eine Sammlung beispielhafter Begebenheiten. Das Hauptwerk des Nepos jedoch ist seine Biographiensammlung *De viris illustribus*. Sie bestand aus 15 Büchern und beschrieb das Leben bedeutender Männer, Römer und Nichtrömer, geordnet nach „Berufen": Könige, Feldherren, Dichter, Rhetoren, Grammatiker und Philosophen. Fünfundzwanzig dieser Lebensbeschreibungen sind uns erhalten geblieben.

Die literarische Gattung der Biographie
Die Biographie ist die Lebensbeschreibung eines Menschen. Sie schildert die Abfolge seines Lebens und verbindet diese mit anderen Ereignissen der Zeit. Entweder prägen die Zeitereignisse die Person oder die Person bestimmt die Zeit („macht" also Geschichte). Die Biographie ist demnach ein Zweig der Geschichtsschreibung. Ebenso fließen aber auch ethische Vorstellungen und Psychologie mit ein, um die „innere" Entwicklung der Person darzustellen und zu erklären. Bedeutsam ist, aus welcher Perspektive der Biograf schreibt: Wie weit geht seine Objektivität? Wo referiert er nur? Wo deutet und bewertet er? Was gewichtet er vielleicht besonders stark, was lässt er aus?
Üblich bei einer Biographie sind:
1. Angaben zu den Lebensdaten
2. Beschreibung der „Taten"
3. Charakterisierung
4. Würdigung der Leistungen und Bedeutung der dargestellten Person.
Die Darstellung der Eidszene bei Cornelius Nepos und Titus Livius zählt zu den charakterisierenden Textstellen.

Hannibal
Hannibal (247-183 v. Chr.) war der bedeutendste Politiker und militärische Befehlshaber Karthagos. Im Jahr 219 eroberte er die Stadt Saguntum (Spanien), die mit Rom verbündet war. Das war der Anlass zum Krieg mit Rom (2. Punischer Krieg). Hannibal zog über die Alpen nach Oberitalien und fügte den Römern schwere Niederlagen zu, z.B. 216 v. Chr. bei Cannae in Apulien. 203 wurde er nach Karthago zurückgerufen, das inzwischen selbst durch die Angriffe der Römer unter Führung des Feldherrn Scipio gefährdet war. Er unterlag in der entscheidenden Schlacht bei Zama (202 v. Chr.). 195 v. Chr. floh er aus Karthago zu König Antiochos nach Syrien, von dort zu Prusias, dem König von Bithynien (Kleinasien). Politisch und militärisch an den Abgrund gedrängt, nahm er sich 183 v. Chr. das Leben.

3. Hinführung zum Text

Als Hannibal 195 v. Chr. bei Antiochos III. weilt, um ihn zum Krieg gegen Rom aufzuhetzen, während im Gegenzug römische Gesandte den Herrscher genau davon abzubringen suchen, berichtet Hannibal Antiochos von seinem Hass auf die Römer. An dieser Stelle lässt Nepos in einer Art Rückblende in dessen Kindheit Hannibal selbst über die Eidverpflichtung berichten:

4. Lateinischer Text: Der Eid des Hannibal

4.1 Die Eidleistung

„Pater meus“, inquit, „Hamilcar puerulo me,
utpote non amplius novem annos nato
in Hispaniam imperator proficiscens
Carthagine Iovi Optimo Maximo hostias immolavit.
Quae divina res dum conficiebatur,
quaesivit a me,
vellemne secum in castra proficisci.
Id cum libenter accepissem atque ab eo petere coepissem,
ne dubitaret ducere,
tum ille:
‚Faciam‘, inquit,
‚si mihi fidem,
quam postulo,
dederis.‘
Simul me ad aram adduxit,
ad quam sacrificare instituerat,
eamque ceteris remotis tenentem iurare iussit
numquam me in amicitia cum Romanis fore.
Id ego iusiurandum patri datum usque ad hanc aetatem ita conservavi,
ut nemini dubium esse debeat,
quin reliquo tempore eadem mente sim futurus.
Quare,
si quid amice de Romanis cogitabis,
non imprudenter feceris,
si me celaveris.
Cum quidem bellum parabis,
te ipsum frustraberis,
si non me in eo principem posueris.“

(Nepos, *Hannibal* 2,3)

---

puerulus, -i (*puer*): kleiner Junge – Ⓚ *puerulo me*: Nom. Wendung im Abl. – **utpote** h.: nämlich – **non amplius** <*quam*>: nicht mehr als – **Iuppiter Optimus Maximus:** Name des obersten römischen Gottes, der hier für den höchsten Gott Karthagos Baal verwendet wird – **hostia, -ae:** Opfer – **immolare:** opfern

5 **divinus:** göttlich, heilig – **ducere** h.: mitnehmen

10 **fidem dare:** ein Versprechen, Treuewort geben

15 **ara, -ae:** Altar – **sacrificare:** opfern – **instituere:** beginnen – Ⓚ Ordne: <*me*> *eam tenentem iurare iussit* – **removere:** entfernen, zurücktreten lassen – Ⓚ *ceteris remotis*: Abl. abs. – **iusiurandum, -i:** Eid – **usque ad:** bis zu

20 **dubium, -i:** Zweifel – **quin:** dass – Ⓚ *eadem mente esse*: Abl. qual. – **imprudens:** unklug

25 **celare alqd alqm:** etwas jdm. verheimlichen – **quidem:** allerdings – **frustrari alqm:** jdn. enttäuschen, um den Erfolg bringen – **princeps, -ipis:** führender Mann, Anführer

1. Wie ist der Text gegliedert? An welchen Konnektoren lässt sich dies festmachen?
2. Welche Aussagen lassen sich hinsichtlich Aktion und Reaktion zwischen Vater und Sohn treffen? Wie ist dies in der Satzstruktur umgesetzt?
3. Mit welchen Prädikaten agiert Hamilkar? Was lässt sich in Bezug auf ihre Bedeutung und Anordnung im Text sagen?
4. Was bedeutet es, wenn der Autor *ego* zwischen *id ... iusiurandum* setzt?
5. Durch welche sprachliche Wendung ist der „ewige Hass auf Rom“ ausgedrückt? Wie ließe sich das Fehlen des Begriffes *hostis* erklären?
6. Warum beginnt Nepos die Lebensbeschreibung Hannibals mit einer Begebenheit, die sich fast an dessen Lebensende zugetragen hat?
7. Welche Wirkung hatte der Eid in der Kindheit auf Hannibals Leben?
8. Zu welcher großen Leistung ist Hannibal durch seinen Hass auf Rom getrieben worden? (s. Bild)

Hannibals Übergang über die Alpen, kolorierter Holzstich nach einer Zeichnung von Heinrich Leutemann, 1866

4.2 Die Wirkung des Eides

In der vorausgehenden Charakteristik Hannibals schreibt Nepos:

Hic velut hereditate relictum odium paternum erga Romanos sic conservavit,
ut prius animam quam id deposuerit,
qui quidem,
cum patria pulsus esset et alienarum opum indigeret,
numquam destiterit animo bellare cum Romanis.

(Nepos, *Hannibal* 1,3)

velut: gleichsam wie – **hereditas, -atis:** Erbe – **paternus** (*pater*): väterlich – **erga** (Präp. m. Akk.): gegen, gegenüber – **animam deponere:** das Leben aufgeben
Ⓚ *qui quidem* m. Konj.: kausal („da ja“) – **indigere alcs rei:** etwas bedürfen – **desistere:** aufhören, ablassen – **animo** h.: in seinem Denken – **bellare:** Krieg führen

5. Paralleltext: Die Eidszene bei Livius

Auch der Historiker Titus Livius (59 v. Chr. - 17 n. Chr.) berichtet in seinem Geschichtswerk *Ab urbe condita* zu Beginn des 21. Buches von dem Eid des jungen Hannibal:

Fama est etiam Hannibalem annorum ferme novem pueriliter blandientem patri Hamilcari, ut duceretur in Hispaniam, cum perfecto Africo bello exercitum eo traiecturus sacrificaret, altaribus admotum tactis sacris iure iurando adactum se, cum primum posset, hostem fore populo Romano.

(Livius, *Ab urbe condita* XXI 1,4)

Analyse-Hilfe:

Fama est		
Hannibalem		
blandientem	**PC**	
ut duceretur ...	GS	
cum <Hamilcar>	GS	
bello Africo perfecto	Abl. abs.	**AcI**
... traiecturus	PC	
sacrificaret,		
altaribus admotum	**PC**	
tactis sacris	Abl. abs.	
... adactum <esse>		
se,		
cum primum posset,	GS	AcI
hostem fore populo Romano.		

Buchminiatur aus dem 15. Jh., die Jacques de Besançon zugeschrieben wird und den Anfang des 1. Kapitels von Buch 21 der *Libri ab urbe condita* des Livius ziert; Tours, Bibliothèque Municipale

1. Vergleichen Sie die Informationen im Nepos-Text mit denen des Livius-Textes. Welche Gemeinsamkeiten, welche Unterschiede stellen Sie fest?
2. Welche Unterschiede in der Textgestaltung stellen Sie fest? Was lässt sich daraus in Bezug auf die jeweilige Textsorte erschließen?
3. Versuchen Sie den Unterschied aus der Darstellungsabsicht (hier biographisch, dort historisch) zu erklären.

---

ferme: ungefähr – **pueriliter** (*puer*; Adv.): wie ein Junge, Kind; kindlich – **blandiri:** schmeicheln, h.: schmeichelnd darum bitten – **traicere:** übersetzen, hinüberführen – **sacrificare:** opfern – **altaria, -ium:** Altar – **iusiurandum, -i:** Eid – **adigere** (~ *cogere*): veranlassen, zwingen – **cum primum:** sobald – **fore** ~ *futurum esse*

6. Rezeptionsdokument: Die Eidszene in einem Jugendroman von 1943

Die Säulen des Tempelraumes verlieren sich im Dunkel, so dass es aussieht, als wüchsen sie in die Nacht hinein. Das kleine Flämmchen, das auf dem Altar zuckt, vermag kaum den nächsten Umkreis zu erhellen, sein Schein reicht eben noch an die Knie des riesigen Götterbildes, das hinter dem Altar auf einem Stuhl von Gold und Elfenbein thront. Von allen Seiten haben die Schatten sich eng herangedrängt, als wollten sie sich dafür entschädigen, dass man sie während der Tagesstunden in die äußersten, finstersten Winkel verbannt.

Von fern knarrt eine Türe. Das ungewisse Funkeln einer Laterne schießt seine zitternden Strahlen durch die dichte Finsternis, gleichsam sich seinen Weg mit Mühe bahnend. Im Zickzack auf- und niedertanzend, jetzt den bunten Steinboden streifend, jetzt eines der Säulenkapitäle, jetzt das harte, strenge Gesicht des Götterbildes, kommt es allmählich näher, gerät in den Lichtkreis des Altars und geht darin unter, zu einem wesenlosen, unbedeutenden Flimmern geworden.

Zugleich wird auch der Träger der Laterne sichtbar, ein hochgewachsener Mann, der, einen Knaben an der Hand, festen Schrittes auf die Opferstätte zugeht. Er hat den Mantelsaum über den Kopf geschlagen, so dass sein Gesicht verhüllt ist. Nur hie und da werden die düster glühenden Augen sichtbar, die mit starrem Ausdruck in das Dunkel um die Züge des Götterbildes blicken.

Der Knabe, ähnlich vermummt, ist ein etwa neunjähriges Kind, schmal und hoch aufgeschossen. Auch sein Schritt ist fest, auch aus seinen Augen leuchtet, da bei einer raschen Bewegung der hüllende Mantel von seinem Gesicht gleitet, jene starre, in sich gestaute Glut.

Vor dem Altar bleiben die beiden stehen. Vorsichtig stellt der Mann die Laterne nieder, lässt die Hand des Knaben los, nestelt an seinem Gürtel. Einer Ledertasche entnimmt er ein kleines Hornbüchschen, öffnet es, streut daraus, undeutliche Worte murmelnd, ein Pulver in die Flamme des Altars, die aufzuckt und, einen starken Wohlgeruch verbreitend, ihre Farbe zu einem tiefen Gelb wandelt. Dann schlägt der Mann die Hände zusammen und versinkt in stilles Gebet.

Nach geraumer Zeit reißt er den Blick, der unverwandt auf das schattenverhüllte Götterbild gerichtet war, zur Seite, senkt ihn auf den Knaben nieder.

„Fürchtest du dich?", fragt er halblaut.

„Wovor?" Es klingt so kaltblütig und gelassen, dass der Mann unter seinem Mantelsaum unwillkürlich vor Stolz lächelt.

„Weißt du, wo wir sind?", forscht er weiter.

„Im Tempel des Baal", kommt die helle, ruhige Knabenstimme zurück.

„Und weißt du auch, warum ich dich hierher führte?"

Die Augen des Knaben brennen in den seinen. „Du wirst es mir sagen, Vater."

Der Mann antwortet nicht gleich. Mit gemessener Bewegung schiebt er den Mantel von der Stirne zurück, so dass sein längliches, tief braunes Gesicht zum Vorschein kommt, mit hageren Wangen und einer schmalen Adlernase. Den dünnlippigen Mund beschattet ein kurz gehaltener schwarzer Bart, der an den Schläfen in das ebenso kurz geschorene, ebenso schwarze, dichte Haupthaar übergeht.

„Ja", sagt er endlich langsam, die letzten Worte seines Sohnes beantwortend, „ich werde es dir sagen. Seit Jahren warte ich auf die Stunde, da ich zu dir sprechen kann, da du alt genug bist zu begreifen, zu verstehen." Mit leichter Handbewegung winkt er den Knaben näher an sich heran. „Wer bin ich?", fragt er kurz, herrisch.

„Du bist Hamilkar, zubenannt Barkas, Feldherr von Karthago", kommt rasch die Antwort zurück. „Was bedeutet ‚Barkas'?", setzt der Mann die Prüfung fort.

„Es ist unser Geschlechtsname und bedeutet ‚der Blitz'."

„Warum ‚der Blitz'?"

„Weil jeder von uns wie der Blitz auf die Feinde unseres Landes niederfährt."

„Wer sind die Feinde unseres Landes?"

„Die Römer."

Der Feldherr wirft den Kopf zurück, seine Hand schiebt auch vom Haupte des Knaben den Mantel fort, legt sich auf die dichten Locken.

„Du sagst es!", ruft er hart und laut, dass die Stimme im weiten Raum widerhallt.

„Die Römer, nur die Römer, niemand als die Römer! – Weißt du aber auch", fährt er, wieder gedämpfter, fort, „wie sehr sie die Feinde unseres Landes sind?" Er senkt den Blick in den des Knaben, spricht noch leiser weiter: „Vor Jahrhunderten kam in das Sumpfland am Tiber ein Zug von Abenteurern, der sich in dem fieberdurchglühten, von allen Menschen gemiedenen Gebiet häuslich niederließ. Anfänglich verhielten die Eindringlinge sich bescheiden, wagten sich von ihrer Stadt, die sie nach ihrem ersten Häuptling Rom benannt hatten, nicht weit fort, bebauten ihre kärglichen Felder und trachteten, mit ihren Nachbarn in Frieden zu leben."

Hamilkar schweigt einen Augenblick lang; seine Blicke irren wieder zu dem Götterbild hinüber, kehren dann, gleichsam mit Dunkel gesättigt, zum Sohne zurück. Er setzt fort:

„Doch bald änderte sich ihr Wesen. Sie begannen, Raubzüge zu unternehmen, erst in der Nähe, dann, immer weiter ausgreifend, bei entfernteren Völkerschaften. Sie würgten Männer, entführten Frauen, plünderten und verbrannten Burgen und Städte. Immer umfassender wurden ihre Züge, immer mehr Erfolge schenkten ihnen die bösen Geister der Unterwelt, die sie zu ihren Beschützern erwählt hatten – bis schließlich fast die Hälfte der Halbinsel Italien ihnen untertan war."

Höher richtet sich der Feldherr auf, dumpfer Groll durchbebt seine Stimme: „Durch Raub ist Rom groß geworden, und der Trieb nach Raub bestimmt all sein Tun und Lassen. So konnte es nicht ausbleiben, dass der Blick des Raubstaates endlich auf Karthago fiel, die Stadt der unermesslichen Schätze, des in jahrhundertelanger mühevoller Arbeit gesammelten Reichtums. Ein einziger Gedanke erfasste und beherrschte Rom: diese Schätze, diesen Reich-

Giovanni Battista Pittoni: Schwur Hannibals, um 1723, Mailand, Pinacoteca di Brera

tum sich anzueignen.“ Mit kurzem, harten Laut schlagen die Zähne gegeneinander. Die Stimme, mühsam beherrscht, erstirbt zu einem Raunen, das der aufmerksam lauschende Knabe kaum noch versteht:

„Der Vorwand war bald gefunden, und es kam zum Krieg. Es ist nicht nötig, dir von seinen Wechselfällen zu erzählen. Er endigte mit einem schimpflichen Frieden, den unser Vaterland trotz einer Reihe erfochtener Siege zu schließen genötigt war; Rom hatte einen Teil des Raubes eingebracht und schickte sich an, zu gelegener Zeit auch den Rest zu holen.“

Hamilkar senkt den Kopf und sinnt vor sich hin. Als er ihn wieder hebt, klingt seine Stimme ganz ruhig, ganz sachlich:

„An dem Ausgang des Krieges war der Geist unserer Staatsmänner nicht ohne Schuld: der Rat der Alten hatte vergessen, dass nicht Berechnung und Krämertum, sondern nur Männlichkeit und opferbereite, unerschrockene Herzen groß und mächtig machen. Darum habe ich es mir zur Aufgabe gestellt, diese Tugenden wieder zu beleben.“

Er hebt die Hand, lässt sie einen waagrechten Halbkreis beschreiben, als deute er rings um sich:

„Hispanien“, sagt er, „ist die Arena, in der ich mein Volk wieder zu Mut und Siegeswillen erziehen will. Das Heer, das ich mir hier geschaffen und in harten Kämpfen mit den Einwohnern des Landes gestählt habe, ist so vortrefflich wie nur irgendeines. Gier nach Vorteil und Wohlleben, niedrige Gesinnung und Kleinmut sind aus den Herzen meiner Soldaten verbannt. Glühend vor Vaterlandsliebe und Kampfeslust streben sie danach, Karthago seine einstige Stellung wieder zu erringen.“

Die Augen des Jungen flammen für einen kurzen Augenblick auf. „Wann nimmst du mich auf einen deiner Feldzüge mit, Vater?“

Hamilkar beantwortet die Frage nicht, spricht weiter, als habe er sie überhört:

„Karthagos einstige Stellung aber, seine Größe kann nur auf eine Art wieder errungen werden: durch den Fall Roms. Für beide hat der Erdkreis nicht Platz; gelingt es Karthago nicht, Rom zu stürzen, so wird Rom Karthago vernichten."

Er zieht den Sohn ganz nahe an sich heran. Sein Gesicht ist unbeweglich, aber am schwingenden Beben der Stimme, am unwillkürlich harten Druck der Hände auf seinen Schultern erkennt der Junge, wie tief erregt der Vater ist.

„Die Entscheidung kann nicht zweifelhaft sein", hört er die leidenschaftliche Stimme. „Rom muss fallen, damit Karthago lebe, und unsere Aufgabe ist es, dies zu erreichen. Diesem Ziel habe ich gelebt, diesem Ziele, mein Sohn, weihe ich dich vor dem Altar des höchsten Gottes Karthagos."

Noch härter wird der Griff der Hände auf den schmalen Knabenschultern. Das Gesicht des Mannes hat alle Unbeweglichkeit verloren, entbrennt in glühendem Hass, der aus den Zügen alles Menschliche fortwischt, die Stimme dröhnt, dass alle Echos des Tempels erwachen:

„Diesen Altar, der dir in der Ferne das Vaterland versinnbildlicht, erfasse mit beiden Händen und schwöre mir, mein Sohn Hannibal, dass du, wenn ich nicht mehr bin, mein Werk fortführen und zu Ende bringen wirst; dass du dein Leben lang die Römer hassen und bekämpfen wirst; dass du nicht eher ruhen wirst, als bis du sie zu Boden geworfen oder selbst deinen Untergang gefunden hast!"

„Hast!", gellt ein Echo nach. „Hast!" – „Hast!", äffen andere aus dem Dunkel der Ecken und Winkel. Die Erregung des Vaters hat sich nun auch des Jungen bemächtigt. Am ganzen Leibe zitternd, erfasst er mit beiden Händen den Altarstein, wie der Vater es ihn geheißen hat, und ruft mit aller Kraft seiner hellen Knabenstimme: „Ich schwöre es!" Er hat, wie vorher Hamilkar, den Blick der Bildsäule zugekehrt, bemüht, das Dunkel mit den Augen zu durchdringen, in den verschwimmenden, unbeweglichen Zügen des Gottes zu lesen. In dem Schweigen, das seinem Ausrufe folgt, hört er den Vater tief atmen. Langsam hebt er das Gesicht empor, bis sein Blick den des Feldherrn trifft.

Die Züge des Vaters haben ihre Unbeweglichkeit wiedergewonnen, seine Stimme ist gesammelt wie gewöhnlich. „Baal hat deinen Schwur gehört", sagt er, „Komm!"

(aus: Mirko Jelusich, *Hannibal*, 1943)

Die oben abgedruckte Münze mit dem Porträt Hannibals deutet auf der Rückseite die größte geschichtliche Leistung des karthagischen Führers im Kampf gegen das verhasste Rom an.

1. Welche inhaltlichen Elemente, die bei Nepos und Livius vorhanden sind, sind im Roman aufgenommen? Und wie sind sie gestaltet? Inwiefern liegt hier wieder eine andere Textsorte vor?
2. Aus welcher Sicht wird Hannibal bei Nepos vorgestellt, aus welcher bei Mirko Jelusich? Berücksichtigen Sie, zu welcher Zeit der Roman geschrieben wurde.

Selbstmord Hannibals in Libyssa in Bithynien 183 v. Chr., flämische Buchmalerei aus dem 15. Jahrhundert, Gent, Universitätsbibliothek

Aufgabenstellungen zur Gesamtbeurteilung

1. Hannibal hat 183 v. Chr. fern von Karthago, von den Römern bedrängt, Selbstmord begangen (s. Abb.). Wie hat der Eid sein Leben bestimmt? Nehmen Sie dazu Stellung.
2. Im „Lehrplan für Geschichte in der Klasse 7“, der für die ehemalige Deutsche Demokratische Republik gegolten hat, steht in der Präambel uunter anderem: „Zugleich sollen aber auch Gefühle des Abscheus und des Hasses gegenüber jenen Kräften geweckt werden, die im Interesse der Aufrechterhaltung ihrer historisch überlebten Klassenherrschaft Barrieren auf dem Weg zum Fortschritt errichten und die Völker in tiefes Unglück stürzen.“
   Lässt sich dieser Auftrag, die Kinder der DDR zum Hass gegen die Völker des Westens zu erziehen, mit der eidlichen Verpflichtung zum Römerhass vergleichen, der sich der junge Hannibal unterziehen muss? Begründen Sie.
3. Wie beurteilen Sie selbst den Eid des Hannibal?
4. Welche Konsequenzen ergeben sich, wenn politische Ideologie und pädagogisches Programm eine enge Verbindung eingehen? Vergleichen Sie dazu das Auftaktbild zum Projekt auf S. 6 „Reichsjugendtag in Potsdam“, das zu Beginn der nationalsozialistischen Herrschaft in Deutschland entstanden ist.

DIE FREIHEIT DER BARBAREN

Oder: Warum Vercingetorix hingerichtet wurde
von Astrid Heuer und Paul Kosel

Vercingetorix-Statue in Alésie-Sainte-Reine

1. Projektbegründung

Um die Zeitenwende waren die Römer das mächtigste Volk des „ganzen bewohnten Erdkreises". Es gab für sie keine ernsthafte Bedrohung mehr durch äußere Feinde. Ihr Bewusstsein war, so die Folgerung aus der eigenen Geschichte, das eines „zum Herrschen berufenen Volkes"; die Götter hätten den Römern, so der augusteische Dichter Vergil, eine „Herrschaft ohne Ende" (*imperium sine fine*) verliehen.
Diese Herrschaft gründete wesentlich auf der Annahme der natürlichen Ungleichheit von Menschen: d.h. dass die einen von Natur aus zur Herrschaft, die anderen zum Dienen geboren seien. Schon in der griechischen Philosophie – so z.B. bei Aristoteles – wurde die These vertreten, dass manche Menschen von Natur aus Sklaven seien. Diese Auffassung fügte sich in das römische Staats- und Menschenbild ein und wurde von Rom in die Tat umgesetzt: Wer herrscht, sei kulturell überlegen, wer Sklave ist, sei von niederem zivilisatorischen Stand, ein Barbar, ein Wilder. Der kulturell höher Stehende habe demzufolge das Recht, die niederen und zumeist in Streit miteinander liegenden Völker durch Unterwerfung in den eigenen Kultur- und Ordnungsraum einzugliedern – zum Wohle der Unterworfenen.
Der so erreichte Zustand hieß in der römischen Staatsideologie *pax*, die „Friedensordnung". Heute würde man freilich eine solche Herrschaftspaxis eher als Imperialismus bezeichnen. Und wie jeder Imperialismus schloss auch der römische Freiheit und Wahlmöglichkeit seitens der Unterlegenen aus, d.h. die „Barbaren" hatten nicht die Möglichkeit, sich für oder gegen die eigene „Zivilisierung" zu entscheiden. Folge dieser römischen Praxis war, dass die Unterworfenen überhaupt erst ein tieferes Bewusstsein für die eigene Freiheit gewannen. Nur wer zum Sklaven geworden ist, spürt, was Freisein bedeutet.
In den meisten Fällen erfolgte die Unterwerfung von „Barbaren" durch kriegerische Auseinandersetzungen. Insofern Krieg dazu diente, andere Völker auf eine höhere Stufe der Zivilisation zu führen und dadurch gleichzeitig von außen die „Friedensordnung" Roms zu sichern, galt er als „gerecht" (*bellum iustum*).
Gaius Julius Caesar, der wohl bedeutendste Feldherr der römischen Geschichte, hat diese Herrschaftsdoktrin zur Zeit seines Prokonsulats in Gallien musterhaft praktiziert. Er hat die gallischen Stämme nördlich des Alpenwalls der Reihe nach unterworfen und „in die Friedensordnung eingegliedert" (*pacavit*). Nach sieben Jahren militärischer und diplomatischer Operationen schien die Eroberung vollendet. Doch plötzlich brach in ganz Gallien Rebellion aus – „um der Freiheit willen". In diesem entscheidenden Augenblick wurde Vercingetorix, der Häuptling der Arverner, zu Caesars größtem Gegenspieler; die Auseinandersetzung mit ihm wurde zum dramatischen Höhepunkt des *Bellum Gallicum*.
Noch heute wird Vercingetorix in Frankreich als Freiheitsheld geehrt und gefeiert. Wie ist es dazu gekommen?

2. Informationen zu Geschichte, Autor und Werk

1 **Caesars Weg zur Alleinherrschschaft**

Julius Caesar hat nach seinem Konsulat im Jahre 59 v. Chr. die Provinzen *Gallia Cisalpina* und *Gallia Narbonensis* sowie *Illyricum* zur Verwaltung erhalten. Von hier aus eroberte er in den folgenden sieben Jahren (58-51 v. Chr.) ganz Gallien und wurde so zu einem der größten Eroberer Roms. Am Ende seines Prokonsulats, das 54 v. Chr. verlängert worden war, wollte er sich erneut um das Konsulat in Rom bewerben, was man ihm jedoch hartnäckig verwehrte. Er überschritt daraufhin im Jahre 49 v. Chr. mit seinen Legionen den Rubikon, drang unrechtmäßig in das römische Staatsgebiet ein und eröffnete so den Bürgerkrieg, der das ganze Imperium erfassen sollte. Alle Gegner wurden ausgeschaltet; Pompeius, auf den die Anhänger der alten *res publica libera* ihre ganze Hoffnung gesetzt hatten, wurde auf der Flucht in Ägypten ermordet. Caesar war zum Alleinherrscher geworden, er ernannte sich zum Diktator auf Lebenszeit. Sein Regiment war willkürlich wie das eines Tyrannen. An den Iden des März 44 v. Chr. musste er dafür büßen: Über 60 Senatoren verübten ein Attentat auf ihn – mit Erfolg.

2 **Caesars literarisches Schaffen**

Caesar hat über die beiden Phasen seines politischen und militärischen Kampfes, die ihn zum mächtigsten Mann der ganzen Erde werden ließen, zwei historiographische Werke verfasst, so genannte *commentarii*, Rechenschaftsberichte eines Beamten an den Senat in Rom: das *Bellum Gallicum* (7 Bücher) und das *Bellum Civile* (3 Bücher). Diese Werke, die ihn als meisterhaften Erzähler und Stilisten zeigen, sind uns überliefert. Sie haben vielen Menschen, gerade im vergangenen Jahrhundert, zu einer produktiven Auseinandersetzung damit – in Text, Bild und Film – Anlass gegeben.

3 **Vercingetorix**

In seinem Caesar-Buch schreibt der Historiker Matthias Gelzer über den Arverner-Häuptling Vercingetorix: „Er wurde zum König ausgerufen und gewann sofort mehr als ein Dutzend Nachbarvölker zum Anschluss und zur Anerkennung seines Oberbefehls. Bald konnte sich sein Ehrgeiz zum Gedanken an ein Königtum in einem keltischen Nationalreich erheben, ein Ideal, das erst dadurch ermöglicht wurde, dass Caesar das keltische Staatengewimmel in den Rahmen einer einheitlich regierten römischen Provinz zwang und den Kelten so die nationale Zusammengehörigkeit auch als eine politische zum Bewusstsein brachte."

3. Hinführung zum Text

Caesar ist es, obwohl er sich lange Zeit außerhalb Galliens, in Britannien und Germanien aufhielt, am Ende gelungen, ganz Gallien zu unterwerfen; alle aufbrechenden Rebellionen sind niedergeschlagen worden. Am Beginn des 7. Buches kann er feststellen: *Gallia quieta* ... – „Als Ruhe und Frieden in Gallien herrschten ..." Diese Feststellung bildet allerdings den scharfen Kontrast zu dem, was 52 v. Chr. tatsächlich geschah: Ganz Gallien erhebt sich gegen die römische Herrschaft unter der Führung des Vercingetorix.

4. Lateinischer Text

4.1 Vercingetorix' Ernennung zum „König"

Vercingetorix Celtilli filius, Arvernus, summae potentiae adulescens,
cuius pater principatum totius Galliae obtinuerat et ob eam causam,
quod regnum adpetebat,
a civitate erat interfectus,
convocatis suis clientibus facile incendit.
Cognito eius consilio ad arma concurritur.
Prohibetur a Gobannitione patruo suo
reliquisque principibus,
qui hanc temptandam fortunam non esse existimabant;
expellitur ex oppido Gergovia.
Non desistit tamen atque in agris habet dilectum
egentium ac perditorum.
Hac coacta manu,
quoscumque adit ex civitate,
ad suam sententiam perducit;
hortatur,
ut communis libertatis causa arma capiant,
magnisque coactis copiis adversarios suos,
a quibus paulo ante erat eiectus,
expellit ex civitate.
Rex ab suis appellatur.

(*Bellum Gallicum* VII 4)

Reiterstandbild des Vercingetorix am Place Jaude in Clermont-Ferraud, in der Nähe des einstigen Alesia

---

Celtillus, -i: Stammesoberhaupt der Arverner – **principatus, -us:** führende Stellung

5 **cliens, -ntis:** Schutzbefohlener, Gefolgsmann – **incendere** < *animos* >: entflammen, aufpeitschen – **Gobannitio, -onis:** adliger Arverner – **patruus, -i:** Onkel (Bruder des Celtillus) – **temptare:** versuchen, h. herausfordern

10 **Gergovia, -ae:** einer der Hauptorte der Arverner – **dilectus, -us:** Aushebung – **egentes, -ium:** Bedürftige, Bettler – **perditi, -orum:** Verkommene, Gesindel – Ⓚ *quoscumque adit* ...: Obj. zu *perducit* – **ad suam sententiam perducere:** für seine Meinung / Haltung gewinnen

15 **paulo ante:** kurz vorher

Als Vercingetorix rasch viele Stämme für sich gewonnen hat, wird ihm der Oberbefehl (*summa imperii*) übertragen; diesen übt er mit größter Strenge aus: Wer ihm nicht folgt, wird mit Feuer- oder Foltertod bestraft, bei geringerer Schuld lässt er die Ohren abschneiden oder ein Auge ausstechen – zur Abschreckung (*perterrere*).

1. Wie wird Vercingetorix von seinem Stamm behandelt? Und warum wird er so behandelt? Als was möchte Caesar diesen Gegner vor seinen Lesern hinstellen?
2. Durch welche Aktion oder Verhaltensweise soll der Charakter des Vercingetorix noch negativer gezeichnet werden?
3. Mit welchem Motiv gelingt es dem Arverner, eine große kampfgierige Schar von Leuten an sich zu binden und so seine Gegner aus Gergovia zu vertreiben?
4. Was bedeutet es, wenn er von den Seinen zum „König" ernannt wird?

4.2 Vercingetorix' Strategie

Vercingetorix hat bald alle gallischen Stämme zu einer Streitmacht vereinigt: die Gallier wollen Caesar von seinem Heer abschneiden. Doch in einem gewagten Unternehmen überqueren die Römer die verschneiten Cevennen. Caesar steht mit seinen Truppen mitten im Feindesland, im Rücken des Vercingetorix. Dieser stellt nun vor den Seinen in einer Rede dar, dass der Krieg auf eine ganz andere Weise als bisher geführt werden müsse:

Omnibus modis huic rei studendum esse,
ut pabulatione et commeatu Romani prohibeantur.
Id esse facile,
quod equitatu ipsi abundent et
quod anni tempore subleventur.
Pabulum secari non posse;
necessario dispersos hostes ex aedificiis petere;
hos omnes cottidie ab equitibus deleri posse.
Praeterea communis salutis causa rei familiaris commoda neglegenda;
vicos atque aedificia incendi oportere hoc spatio quoque versus,
quo pabulandi causa adire videantur ...
Praeterea oppida incendi oportere,
quae non munitione et loci natura ab omni sint
periculo tuta,

Vercingetorix-Karikatur
von Michael Heinrich

---

pabulatio, -onis: Futterholen – **commeatus, -us:** Verpflegung, Nachschub – **abundare alqa re:** Überfluss haben an etwas
sublevare: unterstützen – **secare:** schneiden, mähen – **necessario** (Adv.): notgedrungen – **dispergere:** zerstreuen, zersplittern; Ⓚ *dispersos*: h. präd. – **pabulum, -i:** Futter (für Tiere) – **commodum, -i:** Vorzug, Interesse
vicus, -i: Dorf – **incendere:** anzünden – **hoc spatio quoque versus, quo:** nach jeder Richtung / so weit, wie – **pabulari:** Futter holen – **munitio, -onis** (*munire*): Befestigung, Befestigungsanlage

ne suis sint ad detrectandam militiam receptacula
neu Romanis proposita ad copiam commeatus
praedamque tollendam.

(*Bellum Gallicum* VII 4; 14)

1. Welche Strategie verfolgt Vercingetorix? Was versucht er dadurch zu erreichen?
2. Welches Wortfeld, das das Ziel seiner Taktik anzeigt, ist in dieser Rede stark ausgeprägt? Nennen Sie die dafür zutreffenden Wörter und Wendungen.

4.3 Ganz Gallien in Flammen

Omnium consensu hac sententia
probata uno die amplius viginti
urbes Biturigum incenduntur.
Hoc idem fit in reliquis civitatibus.
In omnibus partibus incendia conspiciuntur.
Quae etsi magno cum dolore omnes ferebant,
tamen hoc sibi solacii proponebant,
quod se prope explorata victoria
celeriter amissa recuperaturos
confidebant.
Deliberatur de Avarico in communi concilio,
incendi placeat an defendi.

(*Bellum Gallicum* VII 15)

Münze mit dem Namen und dem Porträt des Vercingetorix, datiert auf 52 v. Chr.

1. Wie reagieren die Gallier auf die Rede? Welches waren die unmittelbaren Folgen und auf welche Weise werden diese verbalisiert?
2. Welches Ansehen muss Vercingetorix bei den Galliern bereits besessen haben? Begründen Sie Ihre Antwort aus dem Text.

---

15 **ne ... neu** ~ *ne aut ... aut* – **detrectare militiam:** sich dem Kriegsdienst entziehen – Ⓚ Subj. im *ne*-Satz: *oppida* – **receptaculum, -i:** Zufluchtsort, Schlupfwinkel (Prädikatsnomen) – **propositus, -a, -um:** als Ziel gesetzt, h.: einladend zu (Prädikatsnomen) – **tollere** h.: wegschleppen

omnium consensu: einstimmig – **amplius** ~ *plus quam* – **Bituriges, -um:** Bituriger, gallischer Stamm an der Loire

5 Ⓚ *hoc ... solacii*: Gen. part. (weitergeführt durch *quod*) – **solacium, -i:** Trost – **sibi proponere** h.: sich vor Augen stellen

10 **prope exploratus** h.: beinahe sicher, greifbar nahe – Ⓚ *explorata victoria*: Abl. abs. (kausal) – **recuperare:** wiedergewinnen; Ⓚ*recuperaturos* < *esse* > – **deliberare:** überlegen – **Avaricum, -i:** Avaricum, Hauptort der Bituriger – Ⓚ < *utrum* > ... *an*: (ob ... oder)

4.4 Die Schlacht um Alesia

In der Folgezeit kommt es zu heftigen kriegerischen Auseinandersetzungen zwischen Galliern und Römern. Das Kriegsglück wechselt. Ganz Gallien steht in Flammen. In drei Städten brennt es lichterloh: in Avaricum, Gergovia und Alesia. Sie rücken in den Mittelpunkt. Die Belagerung von Avaricum, für dessen Verteidigung man sich gegen den Rat des Vercingetorix entschieden hat, beenden die Römer nach hartem Kampf siegreich. Von den etwa 40.000 Belagerten, unter denen Frauen und Kinder sind, entkommen nur etwa 800 den mordenden Römern. Wenig später erleidet Caesar jedoch eine Niederlage bei der Belagerung von Gergovia. In Alesia nun soll die Entscheidung über den Erfolg der Gallier fallen. Die von den Römern Belagerten erwarten ein gewaltiges Entsatzheer. Doch die Zeit drängt, die Lebensmittel werden knapp ...

Aber jene, die in Alesia belagert wurden, hatten, als der Termin vorübergegangen war, zu dem sie Hilfstruppen erwarteten, ihr gesamtes Getreide verbraucht. Da sie nicht wussten, was bei den Haeduern vor sich ging, wurde eine Versammlung einberufen, um über den Ausgang ihres Schicksals zu beraten. Dabei gab es verschiedene Meinungen: Ein Teil entschied sich für eine Kapitulation, andere waren dafür, einen Ausfall zu versuchen, solange ihre Kräfte noch dazu reichten. Hier darf die Rede des Critognatus nicht übergangen werden wegen ihrer einzigartigen und ruchlosen Grausamkeit. Dieser entstammte einer überaus vornehmen Familie bei den Arvernern, und man hielt ihn für sehr einflussreich.

(*Bellum Gallicum* VII 77, 1-2)

Critognatus
Karikatur von Michael Heinrich

4.5 Die Rede des Critognatus

4.5.1 Durchhalten zum Wohle von ganz Gallien

„Nihil" inquit „de eorum sententia dicturus sum,
qui turpissimam servitutem deditionis nomine appellant,
neque hos habendos civium loco neque ad concilium adhibendos censeo.
Cum his mihi res est,
qui eruptionem probant;
quorum in consilio omnium vestrum consensu pristinae residere virtutis memoria videtur.
Animi est ista mollitia, non virtus, paulisper inopiam ferre non posse.
Qui se ultro morti offerant,
facilius reperiuntur,
quam qui dolorem patienter ferant.
Atque ego hanc sententiam probarem – tantum apud me dignitas potest –,
si nullam praeterquam vitae nostrae iacturam fieri viderem;
sed in consilio capiendo omnem Galliam respiciamus,
quam ad nostrum auxilium concitavimus.
Quid hominum milibus octoginta uno loco interfectis propinquis consanguineisque nostris animi fore existimatis,
si paene in ipsis cadaveribus proelio decertare cogentur?
Nolite hos vestro auxilio exspoliare,
qui vestrae salutis causa suum periculum neglexerunt,
nec stultitia ac temeritate vestra aut animi imbecillitate omnem Galliam prosternere et perpetuae servituti subicere.
An,
quod ad diem non venerunt,
de eorum fide constantiaque dubitatis?
Quid ergo?

---

nomen alcs rei h.: Begriff, Bezeichnung „..." (m. Gen. explicat.) – **deditio, -onis:** Übergabe, Kapitulation – **loco civium habere:** als Bürger ansehen – Ⓚ *habendos ... adhibendos <esse>* – **concilium, -i:** Thing, Rat – **adhibere:** zulassen, heranziehen – **mihi res est:** ich habe es zu tun

eruptio, -onis: Ausbruch – **consensus, -us:** Übereinstimmung, Einigkeit – **pristinus:** früher, alt, bewährt – **residere:** noch vorhanden sein – **mollitia animi:** innere Schwäche – **paulisper** (Adv.): für einige Zeit – **ultro** (Adv.): freiwillig

Ⓚ *<ii> ... reperiuntur* – Ⓚ *quam <ii>, qui ... ferant* – **praeterquam** ~ *praeter* – **iactura, -ae:** Verlust

concitare: zusammenrufen – **quid animi ... est?:** wie ist es zumute? – **consanguineus, -i** (*sanguis*): Blutsverwandter; *propinquis consanguineisque*: gemeint sind die Soldaten des Entsatzheeres – **cadaver, -eris:** Leiche – **decertare:** um die Entscheidung kämpfen – **exspoliare:** berauben

temeritas, -atis: Unbesonnenheit – **animi imbecillitas:** Mutlosigkeit – **prosternere:** zugrunde richten – **ad diem:** pünktlich

Melchior Feselen: Die Belagerung der Stadt Alesia, 16. Jh., München, Alte Pinakothek

Romanos in illis ulterioribus munitionibus animine causa cottidie exerceri putatis?
Si illorum nuntiis confirmari non potestis omni aditu praesaepto,
his utimini testibus adpropinquare eorum adventum,
cuius rei timore exterriti diem noctemque in opere versantur.

4.5.2 Die Römer – schlimmer als die Kimbern und Teutonen

Quid ergo mei consilii est?
Facere,
quod nostri maiores nequaquam pari bello Cimbrorum Teutonumque fecerunt;
qui in oppida compulsi ac simili inopia subacti eorum corporibus,
qui aetate ad bellum inutiles videbantur,
vitam toleraverunt neque se hostibus tradiderunt.

---

ulteriores munitiones: nach außen gerichtete Schanzwerke – **animi causa** ~ *voluptatis causa* – **illorum** ~ Gallorum – **praesaepire:** versperren **his** ~ *Romanis* – **testibus** (präd.) mit AcI: als Zeugen dafür (, dass) – **exterriti** ~ *territi* – **opus, -eris:** Schanzarbeit – **nequaquam par:** keineswegs gleich – **Cimbri, -orum / Teutones, -um:** germanische Stämme, die um 110 v. Chr. auf ihrem Weg nach Süden durch Gallien zogen **compellere:** zusammentreiben – **subigere** h.: zwingen, bedrängen – **vitam tolerare:** sein Leben fristen

Cuius rei si exemplum non haberemus,
tamen libertatis causa institui et posteris prodi pulcherrimum iudicarem.
Nam quid illi simile bello fuit?
Depopulata Gallia Cimbri magnaque inlata calamitate finibus quidem nostris aliquando excesserunt atque alias terras petierunt;
iura, leges, agros, libertatem nobis reliquerunt.

4.5.3 Gegen ewige Knechtschaft

Romani vero quid petunt aliud aut quid volunt,
nisi invidia adducti,
quos fama nobiles potentesque bello cognoverunt,
horum in agris civitatibusque considere atque his aeternam iniungere servitutem?
Neque enim umquam alia condicione bella gesserunt.
Quod si ea,
quae in longinquis nationibus geruntur,
ignoratis,
respicite finitimam Galliam,
quae in provinciam redacta, iure et legibus commutatis, securibus subiecta perpetua premitur servitute."

(*Bellum Gallicum* VII 77)

1. Warum lehnt Critognatus einen Ausbruchsversuch ab? Wie lautet sein Vorschlag?
2. Gegen welchen Feind richten sich die *ulteriores munitiones* (Z. 27)? In welcher Lage befindet sich Caesar?
3. Welche rhetorischen Mittel werden in der Rede verwendet? Warum hat Caesar sie so effektvoll gestaltet? Passt sie zum Redner?
4. Würde die gallische *servitus* einen Römer in gleicher Weise ansprechen? Begründen Sie anhand des folgenden Cicero-Textes (S. 28).
5. Welche Darstellungsabsicht verfolgt Caesar wohl mit dem Vorbringen dieser Rede innerhalb seiner *commentarii*?

Ein barhäuptiger Gallier verteidigt seine Rundhütte gegen einen römischen Legionär, Relief vom Trajansforum in Rom, 1. Jh. n.Chr.

40 Ⓚ von *pulcherrimum <esse>* abh. der AcI: *<id exemplum> ... institui et ... prodi* – **instituere:** beginnen, einführen – **depopulari:** verwüsten; Ⓚ *depopulata* (pass.) – **aliquando** (Adv.): endlich einmal

45 Ⓚ Ordne: *in agris horum, quos ... cognoverunt, considere ...* – **iniungere** h.: aufbürden

50 **longinquus:** entfernt, weit (weg wohnend) – **in provinciam redigere:** zu einer Provinz machen – **commutare:** verändern, umwandeln – **securis, -is:** Beil (Das Liktorenbeil galt als Hoheitszeichen des römischen Staates und als Symbol für die Vollstreckungsgewalt von Körper- und Todesstrafen.)

4.6 Cicero: Über die Rechtfertigung von Herrschaft und Knechtschaft

Der römische Staatsdenker Cicero lässt in seinem Werk „Über das Gemeinwesen" heftig darüber streiten, ob Gerechtigkeit die Grundlage des Staates ist oder ihr Gegenteil. Das Original des Textes ist verloren gegangen. Andere Schriftsteller berichten darüber:

„Gestritten wird freilich auf das Schärfste und Tapferste in denselben Büchern über das Gemeinwesen gegen die Ungerechtigkeit für die Gerechtigkeit. Und, als vorher für die Partei der Ungerechtigkeit gegen die Gerechtigkeit gekämpft und gesagt wurde, nur durch Ungerechtigkeit könne ein Gemeinwesen sich erhalten und vergrößern, war dies gleichsam als die festeste Grundlage genommen worden, es sei ungerecht, dass Menschen anderen Menschen, die herrschen, dienstbar seien – eine Ungerechtigkeit freilich, bei deren Vermeiden ein herrschender Staat, dessen Gemeinwesen groß ist, nicht über Provinzen gebieten könne; daraufhin wurde von Seiten der Gerechtigkeit geantwortet, das sei deshalb gerecht, weil solchen Menschen die Knechtschaft (*servitus*) nützlich (*utilis*) sei, und es geschehe zu ihrem Nutzen, wenn es richtig geschieht, das heißt, wenn den Ruchlosen die Möglichkeit zu Übergriffen genommen wird und wenn die Unterworfenen sich besser dabei befinden werden (*melius se habebunt*), weil sie, nicht gezügelt, sich schlechter befunden haben; und es wurde, damit dieser Beweis verstärkt würde, ein gleichsam von der Natur genommenes großes Beispiel angefügt und gesagt: Oder sehen wir nicht, dass eben den Besten die Herrschaft zum größten Nutzen der Schwachen (*cum summa utilitate infirmorum*) von der Natur selber gegeben worden ist? Warum befiehlt denn Gott den Menschen, die Seele dem Körper, die Vernunft den Gelüsten, der Leidenschaft und den übrigen mangelhaften Teilen derselben Seele?"

Marcus Tullius Cicero

(Cicero, *De re publica* III 24)

1. Inwiefern ist die Einschätzung der „minderen Menschen" bei Cicero und Caesar ähnlich? Wozu kann sich Caesar deshalb berechtigt sehen?
2. Wie passt dies zur Critognatus-Rede?

4.7 Zur Bewertung der Critognatus-Rede

Die Urteile über die romkritische Rede des Critognatus gehen in der wissenschaftlichen Literatur auseinander; nachfolgend seien einige Stimmen genannt. Sie können als Grundlage dienen, eine eigene Meinung dazu zu finden. Die Frage ist, welche Rolle in dem durch und durch imperialistischen Werk Caesars diese „antiimperialistische" Rede spielen soll:

„Hier spricht keineswegs Cäsar in eigener Person, sondern entsprechend den auch für die antike Historiographie geltenden Gesetzen literarischer Darstellung liegen hier fiktive Äußerungen fiktiver Personen vor, die in dieser Form weder als Ansichten des fiktiven Autors noch gar als die des realen Autors gelten dürfen."

(Joachim Gruber)

„Die Critognatus-Rede gehört zu den kritischsten und erbarmungslosesten Abrechnungen mit dem durch Cicero und Vergil bis in die Metaphysik verlängerten römischen Herrschaftsanspruch."

(Herbert Meyerhöfer)

„Cäsar liefert hier in selbstentlarvender Absicht eine Demonstration römischen Selbstbewusstseins, die ohne Schaden auch die Position des Gegners formulieren kann."

(Christian Meyer)

4.8 Alesia kurz vor dem Fall

Sturm auf eine belagerte Stadt, Illustration aus einer Caesar-Ausgabe von 1889

Der Rat des Critognatus wurde nicht angenommen, vielmehr beschloss man die Kriegsuntüchtigen aus der Stadt zu weisen, um sie nicht verpflegen zu müssen. Zur Freude der eingeschlossenen Gallier kam bald darauf das erwartete Heer. Die Schlacht um Alesia dauerte mehrere Tage. Am ersten Tag entschied die germanische Reiterei auf Seiten der Römer den langen verlustreichen Kampf, sie schlug die Feinde in ihr Lager zurück. Die Gallier griffen dann nach einem Tag Kampfpause nachts an, scheiterten jedoch an den tückischen Befestigungswerken. In der Entscheidungsschlacht konnte sich das römische Heer zunächst kaum behaupten. Jedoch mit Fortuna, Caesars taktischem Geschick und der *virtus* seiner Soldaten konnten die Gallier schließlich geschlagen werden. Alesia kapitulierte.

(*Bellum Gallicum* VII 78-88, Zusammenfassung)

4.9 Die Auslieferung des Vercingetorix

Postero die Vercingetorix concilio convocato
id bellum suscepisse se non suarum necessitatum,
sed communis libertatis causa
demonstrat et,
quoniam sit fortunae cedendum,
ad utramque rem se illis offerre,
seu morte sua Romanis satisfacere
seu vivum tradere velint.
Mittuntur de his rebus ad Caesarem legati.
Iubet arma tradi, principes produci.
Ipse in munitione pro castris consedit;
eo duces producuntur.
Vercingetorix deditur, arma proiciuntur.
Reservatis Haeduis atque Arvernis,
si per eos civitates reciperare posset,
ex reliquis captivis toti exercitui capita singula
praedae nomine distribuit. (*Bellum Gallicum* VII 89)

Römischer Denar mit dem Bild des Vercingetorix, daneben ein keltischer Schild; geprägt zu Ehren Caesars um 48 v. Chr.

a

1. Mit welchen sprachlichen Mitteln gestaltet Caesar den Akt der Auslieferung?
2. Welches Handlungsmotiv lässt Caesar den Gegner hier nochmals betonen? Wirkt dieses auf die Leser glaubhaft? Begründen Sie.
3. Welche Szene des Textes ist in Text und Bild auf der folgenden Seite festgehalten? Was ist anders als im Caesar-Bericht? Warum?

Ⓚ Ordne: *demonstrat se id bellum ... suscepisse* – **necessitates, -um** h.: Interessen **ad utramque rem:** für beide Möglichkeiten (erläutert durch *seu ... seu*) – **seu ... seu:** sei es, dass ... oder, dass ... – **satisfacere alci alqa re:** jdm. durch etwas Genüge tun – Ⓚ *<se> vivum*

producere: vorführen, herbeibringen – **munitio, -onis:** Befestigung, h.: Schanzwerk – **proicere:** zu Boden werfen, niederlegen – **reservare** h.: zurückbehalten

reciperare (*capere*): wiedergewinnen – **toti exercitui:** dem ganzen Heer, d. h. jedem einzelnen Soldaten – **capita singula:** je einen Mann / Gefangenen – **praedae nomine:** als Beute – **distribuere:** verteilen

5. Rezeptionsdokumente

Lionel Royer: „Vercingétorix jette ses armes aux pieds de César“, 19. Jh., Le Puy-en-Velay, Musée Crozatier

5.1 Vercingetorix vor Caesar – Aus einem Jugendroman von 1929

Dann draußen, knapp vor dem Lagertor, das rasche, unregelmäßige Hufgeklapper eines aufgeregten, scheuenden Pferdes. Alle recken die Hälse, um zu sehen, was da geschieht. Nur Caesar sitzt unbeweglich.

Das Tänzeln hört auf, wandelt sich wieder in regelmäßigen Hufschlag; im Tor wird Vercingetorix sichtbar, hoch zu Ross, vom Kopf bis zu den Füßen gerüstet. Den Kopf bedeckt der Helm mit seinem bunten Zieraten, die breite Brust ist vom Schuppenpanzer umhüllt, an dessen Gürtel das lange gallische Schwert hängt; der linke Arm hält Schwert und Lanze, der rechte lenkt das nun willig gehorchende Tier. Sein Gesicht ist unbeweglich, versteinert wie das seines großen Gegners, seine Augen blicken ähnlich starr geradeaus. So reitet er, von der Sonne, die auf dem blanken Metall spielt, umglänzt, Schritt um Schritt vom Lagertor bis vor Caesars Thron: es ist der letzte Weg der gallischen Freiheit...

Vercingetorix umreitet die Estrade. Immer langsamer werden die Schritte seines Pferdes, als könnten sich Tier und Herr nicht voneinander trennen. Nun steht er wieder vor Caesar, hält mit einem jähen Ruck, richtet mit Zügeln und Schenkeln das Pferd gerade...

Vier Augen tauchen ineinander, so lange, dass alle, die zusehen, schließlich fast die Empfindung haben, die beiden Männer seien zu Erz geworden...

Da springt Vercingetorix mit einem plötzlichen Entschluss ab, löst den Schwertgurt, nimmt das Schwert zu Lanze und Schild in die Linke, hebt mit der Rechten den Helm vom Kopf. Bückt sich, um alles zu Füßen der Estrade niederzulegen. Hält inne. Die Waffen fallen klirrend zu Boden, er ergreift mit beiden Händen das zerbrochene Feldzeichen und führt es an seine Lippen.

(Mirko Jelusich, *Caesar*, 1929)

5.2 Vercingetorix' Hinrichtung
Vercingetorix wird zusammen mit anderen Gefangenen in Ketten nach Rom gebracht und dort bis zum großen Triumphzug sechs Jahre lang gefangen gehalten; einen Tag, nachdem er den Römern so präsentiert worden war, stirbt er durch Erdrosselung. Das liegt in der Konsequenz römischer Eroberungspolitik und der Siegermentalität Caesars. Dazu zwei kritische Stimmen:

Das Tullianum, das Verlies des Staatsgefängnisses in Rom, in dem Vercingetorix gefangen war.

„Zur Zeit ihrer größten Bildung erschlugen die Römer die feindlichen Heerführer, nachdem sie sie im Triumphzug hinter einem Wagen hergeschleppt hatten ..."

(Alexis de Tocqueville)

„Cäsar wird ... exakter als durch jede andere Tat gekennzeichnet durch die Erdrosselung des Vercingetorix, einen Tag nach jenem Triumphzug durch Rom, in dem der strategisch so bedeutende Rebell an der Seite der Schwester der Kleopatra und des Sohnes des Königs Juba hatte mitgehen müssen: die Tapferkeit des Soldaten, der nichts getan hatte, als seine unterjochte Heimat gegen die Unterjocher zu führen, vermochte das Herz des großen Soldaten Julius Cäsar mitnichten zu rühren. Nach fast sechsjähriger Kerkerhaft ließ er den Gallier noch auf niedrigste Weise totmachen!"

(Rolf Hochhuth)

1. Welcher Vorwurf wird hier den Römern und Caesar gemacht?
2. Warum ist Vercingetorix zum Freiheitshelden in Frankreich geworden?
3. Bei welchen Ereignissen der französischen Geschichte hat die von Vercingetorix verteidigte Freiheit wohl besondere Attraktivität gewonnen?

a

Vercingetorix-Standbild in Alésie-Sainte-Reine

5.3 Noch heute Erinnerung an Vercingetorix in Rom

Neuzeitliche Tafel mit den Namen der bekanntesten Gefangenen des Mamertinischen Kerkers; er befindet sich in Rom nahe beim Forum Romanum.
Das Jahr der Hinrichtung des Vercingetorix ist allerdings falsch angegeben.

a

1. Suchen Sie auf der Tafel den Namen des Vercingetorix.
2. Was bedeutet es, wenn Vercingetorix z.B. neben dem Numidier Jugurtha, gegen den Marius in Afrika schwer zu kämpfen hatte, in diese Tafel aufgenommen ist?

3

Livius

Die Kapitolinischen Gänse

Oder: Was das frühe Rom vor dem Untergang gerettet hat
von Friedrich Maier

GÄNSE BEWACHEN US-LUFTWAFFE

Mit einem tierischen Frühwarnsystem sind jetzt drei US-Luftwaffenstützpunkte in der Bundesrepublik ausgerüstet worden: Schnatternde Gänse sollen wie einst am Kapitol in Rom vor Eindringlingen, etwa Terroristen, warnen. 900 gefiederte Wächter gibt's derzeit.

(aus: Süddeutsche Zeitung, 1987)

1. Projektbegründung

Die Antike hat durch Mythos, Geschichte und Anekdote für die Sprachen Europas nicht wenige Metaphern geliefert, die heute mehr denn je lebendig sind; man kann sie tagtäglich sehen oder hören. Solche Bilder sind gezielt und effektvoll verwendete Elemente einer spielerischen, oft auf Witz und Werbung angelegten Kommunikation, vielfach auch bewusst gesuchter Ausdruck eines kräftigen, geistreichen und anschaulichen Sprachstils. „Das Fass ohne Boden" charakterisiert so oft wie kein anderes Bild, was die finanzielle Versorgung der Arbeitslosenmassen für die öffentlichen Haushalte bedeutet. *Veni, vidi, vici* ist in den zum Werbeslogan abgewandelten Formen heute geradezu aufdringlich und mit grotesker Verzerrung präsent: *Veni, Vidi, Fumi – Veni, Vidi, Valui – Veni, Vidi, Vitamini* (als Plakat bei einem Obstgeschäft). Der „Gordische Knoten" wird nach wie vor welt- und lokalpolitisch von kleinen und großen Nachfahren des legendären Alexander zerschlagen. Den „Schwarzen Tag" erleben in den Gazetten ganze Nationen beim Scheitern ihrer Fußballauswahl. Diese Reihe ließe sich ohne weiteres mit markanten Belegen von den etwa 40 im Umlauf befindlichen „Stichwörtern der europäischen Kultur" fortsetzen. Solche Anwendung ist ein Spezifikum der heutigen Sprache, und zwar europaweit. Das Bild „Europa auf dem Stier" ist als Idee für die Einheit Europas heute überall präsent.

„Wir sind da, und weiter geht es – im Gleichschritt!", Karikatur von Horst Haitzinger, 1994

Dass aber eine bildhafte Wendung neben ihrer Existenz in der Sprache sich zu einer realhistorischen, konkret vollzogenen Tat umsetzt, scheint einmalig und insofern bemerkenswert. Das muss mit mehr als nur dem einprägsamen Bild zu tun haben; vielleicht liegt der Grund dafür im Faktum selbst und der dabei aktualisierten nachahmenswerten ‘Leistung’. Diese vollbrachten die schnatternden Gänse auf dem Kapitol, als der Einfall der Gallier in Italien 387 v.Chr. zur vernichtenden Niederlage der Römer an der Allia geführt und den ersten *Dies ater* der Geschichte heraufbeschworen hatte. Dieses Geschehen drohte zur völligen Katastrophe und zum „Aus" des römischen Imperiums zu werden.

Das epochale Ereignis hat der Historiker Livius als ein hochdramatisches Szenario dargestellt, das den Leser fesselt und zugleich mit einer für die frühen Römer charakteristischen Mentalität vertraut macht: mit ihrer Göttergläubigkeit und der Gründung der Herrschaft auf den Schutz der Himmlischen. Dieses politische Prinzip ist diskutabel und wird, da in Europa lange vorherrschend, zu einer intensiven Auseinandersetzung mit den Grundlagen von Herrschaft und Politik führen.

2. Informationen zu Geschichte, Autor und Werk

Titus Livius

Titus Livius (59 v.Chr.-17 n.Chr.) schrieb in der Zeit des Augustus sein großes 142 Bücher umfassendes Geschichtswerk *Libri ab urbe condita*. Der Großteil davon ist verloren gegangen.

In seiner Jugend erlebte Livius den Todeskampf der Republik und den Übergang des Staates in die Herrschaftsform des Prinzipats, also in die Monarchie. Sein Werk umfasst demnach die Geschichte Roms von der Königszeit über die Republik bis zur Kaiserzeit. Livius' Sympathie galt den frühen Epochen der römischen Geschichte, deren Wertvorstellungen er verherrlichte, und zum Maßstab erhob. Sein Blick in die Vergangenheit war verklärt, seine Hoffnung, Augustus werde die alte *res publica libera* wiederherstellen, wurde enttäuscht.

Augustus vom Typus *capite velato*, 1. Jh. v.Chr., Rom, Museo Nazionale Romano

Der *Dies ater*

Im Jahre 387 v.Chr. waren Gallier in Italien eingefallen; die Römer wurden an der Allia, einem kleinen Fluss nördlich von Rom, vernichtend geschlagen. Diese Katastrophe prägte sich in der römischen Geschichtserinnerung als *Dies ater* ein. Dieser „Schwarze Tag" hätte das römische Imperium beenden können, noch ehe es so richtig begründet war. Die Bevölkerung Roms flüchtete, die kampffähigen Männer besetzten das Kapitol.

„Die Greise, die nicht mehr kämpfen konnten, blieben in der Stadt zurück. Die Gallier kamen durch ein offenes Stadttor und sahen, dass nur das Kapitol verteidigt wurde. Sie verteilten sich in den leeren Straßen, um zu plündern. Aber die Stille in der Stadt machte sie ängstlich, sie fürchteten eine List. Zögernd drangen sie in die unverschlossenen Häuser der Vornehmen am Forum ein. Da staunten sie, als sie in den Eingängen die würdigen Senatoren, die ehemaligen Konsuln, in ihren Amtsgewändern sitzen sahen. Wie vor Götterbildern standen die Barbaren vor den ehrfurchtgebietenden Greisen. Ein Vorwitziger zupfte einen alten Konsular am Bart, da schlug ihm dieser sein elfenbeinernes Szepter über den Kopf und weckte dadurch den Zorn der Gallier. Es begann ein schreckliches Morden, niemand wurde geschont; die ausgeplünderte Stadt ging in Flammen auf."

(Livius, *Ab urbe condita* V 41,8-10)

Die Zukunft Roms hing an einem seidenen Faden: Selbst der Kapitolshügel war aufs Höchste von den Galliern bedroht. Auf diesem befanden sich zum Glück der Römer die heiligen Gänse der Juno. Sie sollten ihre Rettung sein. Wie kam es dazu?

3. Hinführung zum Text

Rom ist bis auf das Kapitol in gallischer Hand, auch die Stadtburg, den drei kapitolinischen Göttern Jupiter, Juno und Minerva geweiht, sollte bald erstürmt werden. Die Gallier setzten alles daran. In dieser Notlage wählte man gewissermaßen im Exil Camillus zum Diktator, von dem man erwartete, er werde Rom und Italien von der Gefahr befreien. Diese Vorgänge spielten sich in Veji ab, einer nördlich von Rom gelegenen etruskischen Stadt.

4. Lateinischer Text

4.1 Angriff der Gallier im Schutz der Nacht

Dum haec Veis agebantur,
interim arx Romae Capitoliumque in ingenti periculo fuit.
Nam Galli,
seu vestigio notato humano,
qua nuntius a Veis pervenerat,
seu sua sponte animadverso saxo ascensu aequo,
cum nocte sublustri primo inermem,
qui temptaret viam,
praemisissent,
tradentes inde arma,
ubi quid iniqui esset,
alterni innixi sublevantesque invicem et trahentes alii alios,
prout postularet locus,
tanto silentio in summum evasere,
ut non custodes solum fallerent,
sed ne canes quidem,
sollicitum animal ad nocturnum strepitum, excitarent.
Anseres non fefellerunt,
quibus sacris Iunonis in summa inopia cibi tamen abstinebatur.

(Livius, *Ab urbe condita* V 47, 1-4)

Ⓚ 3-14 Die Partizipialkonstruktionen lassen sich in folgende Handlungsschritte auflösen: *Galli seu vestigium, qua ... pervenerat, notaverunt seu saxum ... animadverterunt, cum ... praemisissent, tradiderunt arma, ubi quid ... esset, alterni innixi sunt sublevaveruntque invicem et traxerunt alii alios, prout ... postularet, ... in summum evasere.*

seu – seu: sei es dass – oder dass – **vestigium:** Fußspur – **notare:** bemerken – **qua:** wo **nuntius:** Bote, der von Veji die Nachricht vom baldigen Entsatz brachte – **ascensus, -us:** Anstieg – **aequus:** eben, gerade – Ⓚ *ascensu aequo*: abl. qual. – **nocte sublustri:** im Dämmerlicht – **inermis, -e:** waffenlos, ohne Waffen – **temptare:** versuchen, erkunden

iniquus: uneben, steil ansteigend – **alternus:** wechselseitig – **inniti** (*innixus sum*): sich stützen – **sublevare:** hochheben – **invicem** (Adv.) h.: gegenseitig, einander – **prout:** je nachdem – **summum, -i** h.: Anhöhe, Hochplateau

sollicitus ad: unruhig reagierend auf – **nocturnus** (*nox*): nächtlich – **strepitus, -us:** Lärm – **excitare:** aufschrecken, aufwecken – **anser, anseris:** Gans – Ⓚ *quibus* Abl. sep. abh. von *abstinebatur* – **sacer Iunonis:** der Juno heilig – **in** (m. Abl.) h.: trotz – **abstinebatur** (*alqa re*): man enthielt sich, vergriff sich nicht an (einer Sache)

1. Versuchen Sie die Handlungsschwerpunkte in der langen Periode 3-17 in das Schema der Kästchenanalyse einzuordnen:

Galli seu ▼ seu ▼ ▲ ▲ ▲ et ▲ evasere
qua ... | cum V | ubi | prout | ut non ... V, sed ... V
qui

2. Geben Sie mit eigenen Worten die dargestellten Vorgänge wieder.
3. Warum hat Livius die Vorgänge in Z. 2-16 in einen Satz zusammengedrängt? Warum ist der letzte Satz dieses Textabschnittes so kurz gefasst?
4. In welchem Tempus stehen die Prädikate der Hauptsätze? Wie lässt sich dieses erklären?
5. Welche Textstelle ist in Henri Mottes Bild erfasst? Geben Sie die dafür zuständigen lateinischen Wörter und Wendungen an.

Henri Motte: Die Rettung des Kapitols durch die heiligen Gänse, 19. Jh.

4.2 Die Rettung von Kapitol und Rom

Quae res saluti fuit;
nam clangore eorum alarumque crepitu excitus M. Manlius,
qui triennio ante consul fuerat,
vir bello egregius,
armis arreptis simul ad arma ceteros ciens
vadit et,
dum ceteri trepidant,
Gallum,
qui iam in summo constiterat,
umbone ictum deturbat.
Cuius casus prolapsi cum proximos sterneret,
trepidantes alios armisque omissis saxa,
quibus adhaerebant,
manibus amplexos trucidat.
Iamque et alii congregati telis missilibusque saxis proturbare hostes.
Ruinaque tota prolapsa acies in praeceps deferri.
Sedato deinde tumultu reliquum noctis,
quantum in turbatis mentibus poterat,
cum praeteritum quoque periculum sollicitaret,
quieti datum est.

(Livius, *Ab urbe condita* V 47, 4-5)

1. Inwiefern zeigt der kurze Satz am Anfang dieses Textabschnittes eine Wende an? Welche Tempora sind ab jetzt verwendet? Welche Wirkung möchte Livius beim Leser erzeugen? Wo liegt der Darstellungsschwerpunkt und mit welchem sprachlichen Mittel (s. Prädikate) wird dieser herausgehoben?
2. In wie viele Abschnitte lässt sich der ganze Text 1-39 einteilen? Orientieren Sie sich dabei an den Konnektoren. Welche Spannungslinie lässt sich zeichnen?
3. Wodurch kommt die Wende des Geschehens zustande? Welcher innere Beweggrund lässt sich für die Rettung ausmachen? Worauf möchte der Autor als Zeitgenosse des Augustus beim Blick in die Frühgeschichte aufmerksam machen?
4. Welche gültige Erkenntnis soll aus dieser Textaussage und ihrer sprachlichen Gestaltung gewonnen werden?

---

clangor, -oris: Geschnatter – **ala, -ae:** Flügel – **crepitus, -us** h.: Schlagen– **exciere** (*excivi, excitus*): aufscheuchen, aufwecken – **triennium, -i:** drei Jahre – **arripere:** an sich reißen

trepidare: ängstlich hin und her laufen – **consistere:** sich hinstellen, Stellung beziehen – **umbo, -onis:** Schildbuckel – **icere:** stoßen – **deturbare:** hinabstoßen

Ⓚ Verb. *cuius ... prolapsi*: Gen. zu *casus* – **prolabi:** abgleiten, abstürzen – **sternere:** zu Boden reißen, mit in die Tiefe reißen – **adhaerere alci rei:** an etwas hängen – **amplecti:** umfassen – **trucidare:** niederschlagen, erschlagen – **congregari:** sich sammeln – **missilis, -e:** zum Schleudern geeignet, Schleuder- – **proturbare:** hinabwerfen, zum Sturz bringen

ruina, -ae: Sturz – **in praeceps:** kopfüber, jählings nach unten – **deferri:** stürzen – **sedare:** beruhigen – **quantum:** soweit – **turbare** h.: aufregen – **sollicitare:** beunruhigen

Marmorfries von der Basilica auf dem Forum von Ostia, 2. Jh. n. Chr.

5. Paralleltext: Der Galliersturm in der *Aeneis*

In der *Aeneis* des Dichters Vergil sind auf dem Schild des Aeneas die großen Gefährdungen des Imperiums bis zur Schlacht bei Actium dargestellt. Der Wende im Kampf gegen die Gallier wird breiter Raum gewidmet:

In summo custos Tarpeiae Manlius arcis
stabat pro templo et Capitolia celsa tenebat,
Romuleoque recens horrebat regia culmo.
atque hic auratis volitans argenteus anser
porticibus Gallos in limine adesse canebat;
Galli per dumos aderant arcemque tenebant
defensi tenebris et dono noctis opacae.

Oben stand, der tarpejischen Burg zum Hüter gegeben,
Manlius, der Kapitoliums Höhn und den Tempel behauptet;
Frisches Stroh, von des Romulus Hand, bedeckte den Giebel,
Hier auch erscheint aus Silber die Gans, in goldenen Hallen
flattert sie schreiend umher: der Gallier steh vor der Schwelle!
Gallier waren durch Büsche genaht und die Burg war erstiegen,
Durch die Schatten beschützt und die Gunst des nächtlichen Dunkels ...

(Vergil, *Aeneis* VIII 652-658, Übersetzung: W. Plankl)

a

1. Wie wird hier Roms Rettung eingeschätzt, wenn Romulus, der Gründer der Stadt, erwähnt wird? Welche Bedeutung misst also auch Vergil dem Ereignis zu?
2. Welche Funktion hat das Stichwort in den folgenden Rezeptionsdokumenten?

6. Rezeptionsdokumente: Die „Kapitolinischen Gänse" als Stichwort der aktuellen Sprache

Kapitolinische Gänse schnattern nicht – Rom (afp)

Das Kapitol, einst religiöser und politischer Mittelpunkt des Alten Rom und heute Sitz des italienischen Senats, hat gestern früh den ersten erfolgreichen Überfall seiner Geschichte erlebt. Drei als Briefträger verkleidete Jugendliche drangen in die Stadtkasse ein und erbeuteten umgerechnet zwei Millionen Schilling. Das Trio flüchtete mit einem Motorroller. Die kapitolinischen Gänse, die der Legende nach vor rund 2.500 Jahren durch ihr Geschnatter die Wächter warnten, waren wohl gerade auf Urlaub ...

Barbara Henniger (Karikaturistin in der ehemaligen DDR): „Mit solchen Krakeelern machen wir kurzen Prozess", 1987

4

Asiens Widerstand gegen Rom

Oder: Womit man Hass und Aggression gegen die Mächtigen begründet

von Elmar Elliger

Die Göttin Victoria schreibt die Siege Roms auf einem Schild nieder, Detail von der Trajanssäule in Rom, 1. Jh. n. Chr.

1. Projektbegründung

„Die unsterblichen Götter haben das römische Volk zur Herrschaft über die Welt bestimmt: es soll nicht Sklave sein. Andere Nationen können die Knechtschaft ertragen, dem römischen Volk gehört die Freiheit!“ (Cicero, *Philippica* VI 19). Mit Worten wie diesen gelang es den Mächtigen in Rom immer wieder, das römische Volk zu ungeheuren militärischen Leistungen anzutreiben. Von einer kleinen Ansiedlung am Unterlauf des Tibers entwickelte sich Rom zur Herrscherin über Italien, den gesamten Mittelmeerraum und schließlich über weite Teile West- und Mitteleuropas sowie Vorderasiens.

Neben der Stärke seines Heeres führte geschickte Bündnispolitik zu der enormen Ausdehnung des Römischen Reichs. Zweifellos brachte die römische Herrschaft den verbündeten Machthabern Vorteile, in erster Linie militärischen Schutz und die Beteiligung am Reichtum. Andererseits zeigte sich Rom kompromisslos, wenn es darum ging, den Widerstand derjenigen zu brechen, die sich ein von Rom unabhängiges Einflussgebiet sichern wollten.

In der lateinischen Literatur begegnen uns nicht nur Texte, die die römische Machtpolitik vorbehaltlos unterstüzen, es gibt auch kritische Stimmen. Und sogar erklärte Feinde Roms kommen zu Wort, allerdings nicht direkt. Vielmehr sind es Römer, die in ihren Schriften durch fremden Mund Kritik laut werden lassen. So auch Caesar, der den Gallierfürsten Critognatus im *Bellum Gallicum* Rom massiv angreifen lässt (s. S. 24 ff.).

Tacitus scheut sich nicht, durch den Britanner Calgacus die heftigsten Beschimpfungen gegen das Römische Volk zu schleudern: „Welträuber, nachdem den Weltverwüstern die Länder ausgegangen sind, durchwühlen sie das Meer; habgierig, wenn der Feind reich ist, ruhmsüchtig, wenn er arm ist; Herrscher, die weder der Orient noch der Okzident sättigen kann. Rauben, Morden, Stehlen heißt bei ihnen mit falscher Bezeichnung Herrschaft; und wo sie eine Einöde schaffen, nennen sie es Frieden.“

Zwei der interessantesten literarischen Zeugnisse stammen von dem römischen Politiker und Geschichtsschreiber Sallust. Eine leidenschaftliche Hasstirade auf Rom legt er Mithridates VI., dem König von Pontos (Kleinasien), in den Mund, eine ebenso glühende Rechtfertigung römischer Herrschaft dem Fürsten Adherbal aus Numidien (Nordafrika). Die konträren Äußerungen zweier nichtrömischer Machthaber zeigen deutlich, wie gegensätzlich man schon damals die römische Herrschaft beurteilen konnte. Warum beurteilt der Mensch Macht und Herrschaft so verschieden? Wie begründet sich vor allem der Hass auf die Mächtigen?

2. Informationen zu Geschichte, Autor und Werk

1

Das Geschichtswerk des Sallust

Sallust (86-35 v. Chr.) zählt zu den römischen Historikern der Republik. Er hat den Niedergang dieser Staatsform – selbst politisch aktiv – miterlebt. Als er sich vom Staatsdienst zurückgezogen hat, denkt er intensiv über den Verfall der römischen Republik nach; die Symptome dieses Verfalles stellt er in seinen Geschichtswerken dar; er versucht zugleich ihre Gründe aufzudecken. Seine Analysen sind drastisch und scharfsinnig; sie schrecken auch nicht vor ungewöhnlichen Methoden zurück.

Von seinen Geschichtswerken sind die Monographien *Die Catilinarische Verschwörung* und der *Jugurthinische Krieg* vollständig erhalten; sein größeres Werk *Historien* ist dagegen bis auf wenige Teile verloren gegangen. Zu den darin erhaltenen Texten gehört auch der so genannte *Mithridates-Brief*, ein fiktiver Brief, den er einen Herrscher im kleinasiatischen Osten schreiben lässt: Mithridates VI. Eupator, König von Pontos.

Marmorbüste des Mithridates mit jugendlich idealisierten Gesichtszügen, 1. Jh. v. Chr., Paris, Louvre. Auffallend ist der in die Ferne gerichtete Blick, das lockige Haar und die Löwenkappe. Das ideale Äußere verweist auf einen idealen Charakter: Der hellenistische Herrscher gilt als „tatkräftig", „schön" und „gottähnlich". Die Darstellung nimmt Bezug auf Alexander den Großen, der durch seine Eroberungszüge von Griechenland bis nach Indien ein Reich mit gigantischen Ausmaßen errichten wollte.

2

König Mithridates VI. Eupator von Pontos

Mithridates VI. (um 132-66 v. Chr.) galt als Roms gefährlichster Feind nach Hannibal. Drei Kriege musste das römische Imperium gegen ihn anstrengen, bevor ihn Gnaeus Pompeius 66 v. Chr. endgültig schlug; so groß waren sein Machtwille und sein strategisches Geschick.
Seit seinem Regierungsantritt im Jahre 111 v. Chr. trachtete er danach, seine Herrschaft im Schwarzmeergebiet, in Kleinasien und sogar bis nach Europa hinein auszudehnen. Bei seinen Eroberungszügen bot ihm ein Bündnis mit Tigranes I., König von Armenien, Flankenschutz.
Als Rom seine Kräfte im Bundesgenossenkrieg (91-89 v. Chr.) auf Italien konzentrieren musste, sah Mithridates seine große Stunde gekommen: In kürzester Zeit gelang es ihm, ganz Kleinasien einschließlich der römischen Provinz *Asia* in seine Gewalt zu bringen. Die durch die römischen Steuerpächter ausgebeutete Bevölkerung empfing ihn begeistert als Befreier vom

römischen Joch, ja als „Neuen Dionysos". In Ephesos erließ Mithridates 88 v. Chr. den Befehl zur Ermordung der in Kleinasien ansässigen Römer und Italiker. 80.000 Menschen wurden an einem einzigen Tag umgebracht. Der Pogrom ging als „Ephesische Vesper" in die Geschichte ein.

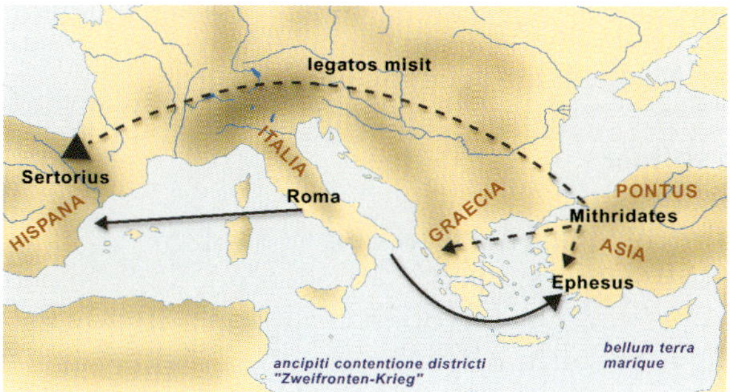

Mithridates' Strategie gegen das Imperium Romanum: Mithridates wollte nach der Besetzung der Provinz *Achaia* (Griechenland) Verbindung mit Sertorius, einem römischen General, der vom Kampf zwischen Marius und Sulla übrig geblieben war und von Spanien aus gegen Rom agierte, Verbindung aufnehmen. Auf diese Weise hätte er Italien in einen Zweifronten-Krieg verwickeln können.

3. Hinführung zum Text

Mithridates hatte schon die römischen Provinzen *Macedonia* und *Achaia* besetzt, als er endlich von Sulla 85 v. Chr. nach Kleinasien zurückgeworfen werden und 84 v. Chr. zum Friedensschluss unter Auslieferung der eroberten Gebiete gezwungen werden konnte. Erneute Aggressionen gegen römische Verbündete im Jahr 74 v. Chr. konnte Rom durch L. Licinius Lucullus abwehren. Pontus wurde von römischen Streitkräften besetzt, Mithridates floh zu Tigranes nach Armenien. Als dieser ein Auslieferungsgesuch Roms zurückwies, belagerte der römische Feldherr Lucullus 69 v. Chr. die armenische Hauptstadt Tigranocerta.

In dieser Situation schreibt Mithridates an den Partherkönig Arsakes II.; dieser ist damals als einziger König des Ostens von Rom unabhängig geblieben. Er ist also der Einzige, von dem Mithridates in seiner Not noch Hilfe erwarten kann.

Ephesos heute – Kuretenweg und Kelsusbibliothek

Münzen mit Bildnissen der Könige Mithridates VI. Eupator und Arsaces XII.

4. Lateinischer Text: Der Mithridates-Brief (Schlussteil)

4.1 Die machthungrigen Römer

Nunc quaeso considera,
nobis oppressis utrum firmiorem te ad resistendum
an finem belli futurum putes.
Scio equidem tibi magnas opes virorum, armorum et auri esse; et ea re a
nobis ad societatem, ab illis ad praedam peteris.
Ceterum consilium est Tigranis regno integro meis militibus belli prudentibus
procul ab domo parvo labore per nostra corpora bellum conficere,
cum neque vincere neque vinci sine tuo periculo possumus.

An ignoras Romanos,
postquam ad occidentem pergentibus finem Oceanus fecit,
arma huc convertisse neque quicquam nisi raptum habere,
domum, coniuges, agros, imperium?
convenas olim sine patria parentibus, peste conditos orbis terrarum,
quibus non humana ulla neque divina obstant,
quin socios amicos, procul iuxta sitos, inopes potentesque
trahant, exscindant omniaque non serva et maxime regna hostilia ducant.
namque pauci libertatem, pars magna iustos dominos volunt;
nos suspecti sumus aemuli et in tempore vindices adfuturi.

(Sallust, *Historiae* IV 69, 16-18)

---

quaeso (eingeschoben): bitte – Ⓚ *nobis oppressis* (Abl. abs.) in den *utrum ... an*-Satz zu ziehen – Ⓚ Erg. *esse* zu *te firmiorem* ... und zu *finem futurum* ... – **equidem:** in der Tat, wirklich

societas, -atis (*socius*): Bundesgenossenschaft, Bündnis – **ceterum** ~ *sed* – **Tigranes, -is:** König von Armenien – Ⓚ *regno integro* und *meis militibus prudentibus*: Nom. Wendungen im Abl. (~ Abl. abs.) – **integer, -gra, -grum:** unversehrt, wohlbehalten – **procul** (Adv.) **ab:** fern von – **per corpora nostra:** durch Einsatz unseres Lebens – **cum** h.: wobei / während jedoch

pergere ad: vordringen nach; Ⓚ Erg. <*eis*> ... *pergentibus* – **huc** (Adv.): hierher – **convertere:** wenden, richten – **raptum habere alqd:** etwas geraubt haben, als Raub besitzen – **domum, coniuges, agros, imperium:** asyndetisches Vierglied (Tetrakolon) – **convena, ae** (*venire*): zusammenkommend, Pl.: hergelaufenes Gesindel – **peste alcs conditus** h.: zum Verderben von jmd. geschaffen – **obstare, quin:** dagegen stehen, Einhalt gebieten, dass

socii amici / procul iuxta siti: asyndetische Zweiglieder (Dikola) – **iuxta** (Adv.): nah – **inops, inopis:** mittellos, machtlos – **trahere** h.: ausplündern – **exscindere:** vernichten – **servus:** dienstbar, sklavisch – **hostilis, -e:** feindselig – **ducere** (m. dopp. Akk.): halten für – **suspectus:** verdächtig – **aemulus, -i:** Nebenbuhler, Rivale – Ⓚ *aemuli et ... vindices*: Präd. zu *nos* – **in tempore:** im Laufe der Zeit – **vindex, -icis:** Rächer

4.2 Kampf dem Räubervolk!

Tu vero, cui Seleucea, maxima urbium, regnumque Persidis inclutis divitiis est,
quid ab illis nisi dolum in praesens et postea bellum exspectas?
Romani arma in omnes habent, acerrima in eos,
   quibus victis spolia maxima sunt;
audendo et fallendo et bella ex bellis serendo magni facti.
Per hunc morem exstinguent omnia aut occident.
Quod haud difficile est,
   si tu Mesopotamia, nos Armenia circumgredimur exercitum sine frumento,
   sine auxiliis, fortuna aut nostris vitiis adhuc incolumen.
Teque illa fama sequetur,
   te auxilio profectum magnis regibus latrones gentium oppressisse.
   Quod uti facias,
moneo hortorque,
   neu malis pernicie nostra tuam prolatare quam societate victor fieri.

(Sallust, *Historiae* IV 69, 19-23)

1. Welchen Plan unterbreitet Mithridates dem Partherkönig?
2. Vor welcher Alternative warnt Mithridates? Warum ist diese gefährlich?
3. Wie werden die Römer qualifiziert? Wodurch wird in Mithridates' Augen ihr Handeln bestimmt?
4. *Namque pauci libertatem, pars magna iustos dominos volunt* (Z. 17): Was bedeutet *libertas* an dieser Stelle und welche Bewertung erfährt sie? – Zwei Wissenschaftler deuten die Stelle völlig gegensätzlich:
   a) „Möglich ist der römische Erfolg nur, weil die wenigsten Selbstständigkeit, die meisten gerechte Herren haben wollen. In diesem Satz wird eine Rechtfertigung der römischen Herrschaft gegeben, sofern sie gerecht ist." (Karl Büchner)
   b) „Der Widerstand der feindlichen Königreiche kommt, wie Mithridates mit boshafter Ironie bemerkt, daher, dass eben nur wenige die von den Römern angebotene Freiheit wollen, ein großer Teil dagegen gerechte Herrscher. Diese sind nach der hellenistischen Terminologie die idealen Gebieter." (Hans Volkmann)
   Worin besteht die unterschiedliche Deutung der Stelle? Welche Deutung halten Sie für die angemessenere? Begründen Sie.
5. Von welchen Motiven ist Mithridates' Attacke bestimmt? Wie lässt sich diese Darstellung der Römer, die Sallust dem Mithridates in den Mund legt, wohl erklären?

Seleucea, -ae: Stadt am Tigris – **regnum Persidis** h.: das Perserreich – Ⓚ *inclutis divitiis*: Abl. qual.: **inclutus:** berühmt

20 **in praesens:** für den Augenblick – Ⓚ *acerrima <arma>* – Ⓚ *quibus victis*: in einen Abl. abs. verschränkter Rel.-Satz („nach deren Besiegung ...") – **spolia:** Kriegsbeute – **bellum ex bello serere:** Krieg an Krieg reihen – **exstinguere:** vernichten – **occidere:** untergehen

25 **circumgredi:** umzingeln – **adhuc:** bisher – **incolumis, -e:** unversehrt, wohlbehalten – **auxilio proficisci alci:** jdm. zu Hilfe kommen – **latro, -onis:** Räuber

30 Ⓚ *uti facias, moneo ..., neu ...*: im *neu*-Satz wird der finale Objektsatz *uti* ... fortgesetzt („und dass nicht ...") – **malle:** lieber wollen – **pernicies, -iei:** Verderben, Untergang – **prolatare:** hinausschieben – **societas, -atis:** Kriegsbündnis

Der „Roma triumphans“ will Mithridates den „Triumph“ des Ostens entgegensetzen. Der italienische Maler Giorgio de Chirico hat sein Bild „Le triomphe“ betitelt. Welche Verbindungen lassen sich zum Text herstellen?

5. Vergleichstexte

5.1 Die Adherbalrede

Eine ganz andere Sichtweise auf Roms Außenpolitik lässt Sallust in seiner historischen Monographie *Bellum Iugurthinum* den Numiderfürsten Adherbal äußern.
Adherbal war der älteste Sohn des Königs Micipsa von Numidien (Nordafrika). Adherbals Großvater war Masinissa, der im zweiten und dritten Punischen Krieg auf Seiten Roms gegen Karthago gekämpft hatte. Adherbal wurde nach dem Tod Micipsas im Jahre 118 v. Chr. zusammen mit seinem Bruder Hiempsal und seinem Vetter Iugurtha Erbe von Numidien. Iugurtha jedoch strebte nach Alleinherrschaft; er ließ Hiempsal umbringen und begann mit Adherbal Krieg. Dieser wurde besiegt und floh nach Rom, um im Senat Beistand gegen Iugurtha zu erbitten. Der folgende Text ist ein Auszug aus der Rede Adherbals vor dem römischen Senat.

„Senatoren! Als mein Vater Micipsa starb, hat er mir noch aufgetragen, ich solle lediglich die Verwaltung (*procuratio*) des numidischen Königreiches als meine Aufgabe ansehen, das Hoheitsrecht (*ius*) und die Regierungsgewalt (*imperium*) aber liege in eurer Kompetenz. Auch solle ich mich anstrengen, in Friedens- und Kriegszeiten dem römischen Volk möglichst großen Nutzen zu bringen; euch solle ich als meine Angehörigen, euch als meine Verwandten betrachten. Falls ich so handeln wolle, würde ich in eurer Freundschaft alles finden: ein Heer, Reichtum und Festigung meiner Herrschaft.

Während ich diese Weisungen meines Vaters beherzigte, hat Jugurtha, der gemeinste Verbrecher, den die Erde trägt, unter Missachtung eurer Oberherrschaft, mich, den Enkel des Masinissa, den Bundesgenossen und Freund des römischen Volkes schon von der Abkunft her, aus meinem Reich und meinem ganzen Besitz vertrieben. [...]
Andere Könige sind nach einem verlorenen Krieg von euch entweder in ein Freundschaftsverhältnis (*amicitia*) aufgenommen worden oder haben in bedrängter Lage eure Bundesgenossenschaft (*societas*) angestrebt: unsere Familie aber hat im Krieg gegen die Karthager mit dem römischen Volk einen Freundschaftsbund geschlossen zu einer Zeit, da seine Vertragstreue (*fides*) erstrebenswerter sein musste als sein Glück. Senatoren! Lasst doch den Spross dieser Familie, mich, den Enkel Masinissas, nicht vergeblich um eure Hilfe bitten!
Selbst wenn ich für mein Ansuchen keine andere Begründung hätte als mein bedauerliches Schicksal, ... so würde es doch die Größe (*maiestas*) des römischen Volkes gebieten, Unrecht abzuwehren (*prohibere iniuriam*) und nicht zu dulden, dass irgendjemands Herrschaft durch Verbrechen (*scelus*) wächst. Nun aber bin ich aus dem Gebiet verjagt worden, welches das römische Volk meinen Vorfahren gegeben hat, aus dem mein Vater und mein Großvater gemeinsam mit euch die Karthager vertrieben haben. Eigentlich sind mir eure Wohltaten (*beneficia*) entrissen worden, Senatoren, ihr seid in dem mir angetanen Unrecht mitverhöhnt worden (*vos in mea iniuria despecti estis*). [...]
Schließlich hat uns Masinissa folgende Lehre gegeben, Senatoren: Wir sollten nichts anderes hochhalten als das römische Volk, wir sollten keine neuen Bündnisse, keine neuen Verträge annehmen, vollauf genügender Schutz liege für uns in eurer Freundschaft. Und wenn das Glück dieses Reiches umschlüge, dann müssten wir eben zusammen mit ihm untergehen. Dank eurer Tüchtigkeit und dank dem Willen der Götter (*virtute ac dis volentibus*) seid ihr groß und reich, alles glückt euch, alles gehorcht euch. Umso leichter muss es möglich sein, sich um Rechtsverletzungen gegenüber Bundesgenossen zu kümmern (*sociorum iniurias curare*). [...]"

(Sallust, *Bellum Iugurthinum* 14)

Der Silberdenar zeigt die Auslieferung des Iugurtha (rechts) an L. Cornelius Sulla (auf einem Thron sitzend) durch Iugurthas Schwiegervater, König Bocchus von Mauretanien (links, vor Sulla knieend).

1. Welcher Zentralbegriff steht für das Verhältnis zwischen Adherbal und Rom?
2. Welche Leistungen und Verpflichtungen umfasst das Bündnis zwischen Adherbal und Rom?
3. Worauf gründet sich nach Ansicht Adherbals die römische Herrschaft?
4. Zum Vergleich von Adherbal-Rede mit Mithridates-Brief: Welche Aussagen machen beide Texte zum Thema *ius / iustus / iustitia*? Wo sind Gemeinsamkeiten? Wo liegen die Unterschiede?
5. Welche Motive hat Adherbal für seine romfreundliche, welche hat Mithridates für seine romfeindliche Haltung? Betrachten Sie dazu noch einmal die Porträtbüste des Mithridates auf S. 44.

5.2 Sallusts historisches Denken – die Bewertung der „Freiheit"

Adherbals Lobgesang und Mithridates' Hasstirade sind Erfindungen desselben Verfassers. Der Politiker und Geschichtsschreiber Sallust bedient sich nichtrömischer Figuren und außenpolitischer Ereignisse, um aus der Fremdperspektive Aussagen zur inneren Verfassung Roms schärfer formulieren zu können.

In seinen Werken verfolgt Sallust das Ziel, die Geschichte Roms nicht erschöpfend, sondern in einer Auswahl von Denkwürdigem (*memoria digna*) darzustellen. Als Zeuge der inneren Spannungen der späten Republik ist seine Achsenfrage: Wie konnte ein Staat, der Weltherrschaft ausübte, in eine derartige innenpolitische Krise geraten? Er antwortet gemäß dem in der Antike verbreiteten Dekadenzmodell: nach dem Wegfall der äußeren Bedrohung durch den Sieg über Karthago im Jahre 146 v. Chr. sei die Basis für die Solidarität der Bürger geschwunden, der moralische Niedergang habe eingesetzt. Der Adel habe sich durch Gier nach Macht und Geld korrumpieren lassen. Einzig der eigene materielle Wohlstand habe schließlich das Denken und Handeln der Bürgerschaft bestimmt, das Gemeinwesen sei in Fraktionen zerfallen (*Namque coeperunt nobilitas dignitatem, populus libertatem in libidinem vertere, sibi quisque ducere, rapere. Ita omnia in duas partes abstracta sunt, res publica, quae media fuerat, dilacerata est.* (*Bell. Iug.* 41, 5)). Das Ergebnis sei deprimierend: die gerechte Herrschaft der Bürgerschaft habe sich in ein Schreckensregiment verwandelt (*civitas inmutata, imperium ex iustissimo atque optimo crudele intolerandumque factum.* (*Bell. Cat.* 10, 6)) Sallust erlebte die Konsolidierung der Verhältnisse durch Augustus nicht mehr; er starb im Jahr 35 v. Chr.

Sallust-Porträt auf einem Kontorniat, um 390 n. Chr., Paris, Cabinet des Médailles

Für Sallust sind Innen- und Außenpolitik miteinander verknüpft. Liest man den Mithridates-Brief als innenpolitischen Kommentar, kann man dem zentralen Satz *namque pauci libertatem, pars magna iustos dominos volunt* (Z. 17) zusätzlich zu der in Frage 4 auf S. 47 ermittelten eine weitere Bedeutung finden. Dazu folgende Hintergrundinformationen:
Libertas bedeutet im allgemeinen Sprachgebrauch „Freiheit“ im Gegensatz zu *servitus*. Im Sinne von „Autonomie“ meint es die Selbstbestimmung der Bürger eines Volkes gegenüber der Herrschaft eines Einzelnen oder einer kleinen Gruppe (*dominatio*). *Libertas* ist damit ein symbolträchtiger Zentralbegriff der römischen Republik, mit dem sich in der Zeit der Bürgerkriege die Sehnsucht vieler Menschen verband. *Res publica libera* wurde zu einem politischen Schlagwort, das von jeder Seite, unter anderem von Caesar, von Pompeius wie auch von den Caesar-Mördern M. Iunius Brutus und C. Cassius im Mund geführt wurde.

1. Was mag Sallust wohl mit der Abwertung des Begriffs *libertas* im Mithridates-Brief bezwecken?
2. Welche innenpolitische Aussage könnte Sallust Ihrer Meinung nach mit der Adherbal-Rede verbunden haben?
3. Inwiefern könnte Sallust in beiden Texten die gleiche Absicht gegenüber den römischen Lesern verfolgt haben?

BRVTVS IMPerator: Münze aus dem Heer des Brutus (43/42 v. Chr.).
Rückseite: EIDibus MARtiis, zwei Dolche,
dazwischen der *pileus libertatis*, die Freiheitsmütze.

6. Rezeptionsdokumente

6.1 Jean Racines Tragödie „Mithridate“ (1673)

Der Mut und die Unbeugsamkeit des Mithridates gegenüber dem mächtigen Gegner Rom bis zum Tode haben noch in der Neuzeit Künstler wiederholt zur Bearbeitung dieser Figur gereizt.
Der französische Dramatiker Jean Baptiste Racine (1639-1699), der die antike Tragödie in Frankreich wiederbelebt hat, konzentriert seine Tragödie „Mithridate“ auf die letzten Stunden des Despoten. Nach der vernichtenden Niederlage des mithridatischen Heeres durch Pompeius im Jahre 66 v. Chr.

flieht Mithridates auf die Halbinsel Krim, die zu seinem Reich gehört. Dort, im Seehafen Nymphäa entwirft Mithridates einen verwegenen Plan zum Generalangriff auf Rom. In der 1. Szene des 3. Akts weiht er seine beiden Söhne, Pharnakes und Xiphares, in den Plan ein:

„... Es hält unser Land
Dem verdoppelten Sturm ihrer Heere nicht stand,
Und mehr als zuvor überfluten den Osten
Die Römer, bereichert auf unsere Kosten.
Wie viel schon das Raubvolk verheert und entwandt,
Der Ruhm unsrer Schätze lockt sie ins Land.
Pompejus' Name sichert ihm seine Beute:
Er ist Asiens Schrecken: hier muss ich ihn fliehn.
Doch nach Rom, meine Söhne, gedenk' ich zu ziehn. [...]
Lasst uns ziehn und den Krieg in den Schoß wieder jagen,
Dessen Wut zu den Grenzen der Welt ihn getragen!
Wir bedrohn in den eigenen Mauern sie jetzt:
Um den eigenen Herd lässt sie zittern zuletzt!
Lasst uns glauben, was Hannibal einstmals gesprochen:
Die römische Macht wird in Rom nur gebrochen!
Ertränkt's in gerecht vergossenem Blut!
Und Roms Kapitol verzehre die Glut!
Vertilgt sei die Macht, mit der sie uns drohten,
Die Schmach, die sie zahllosen Königen boten!"

Doch Pharnakes, ein heimlicher Verbündeter Roms, stellt sich mit seinen Truppen gegen ihn. Es kommt zum bewaffneten Konflikt, in den auch die römische Flotte eingreift. Als die allerletzte Niederlage gegen Rom scheinbar unausweichlich ist, begeht Mithridates Selbstmord mit dem Schwert, um den Feinden nicht lebend in die Hände zu fallen. Sterbend erst erfährt er vom Entsatz durch Xiphares.

a

1. Stellen Sie Begriffe und Wendungen im Sallust-Text zusammen, die in diesem Rezeptionsdokument eine Entsprechung haben.
2. Worin erkennen Sie die gleiche Tendenz in beiden Schriften?

6.2 Wolfgang Amadeus Mozarts Oper „Mitridate – Rè di Ponto" (1770)
Knapp einhundert Jahre nach der Uraufführung von Racines Tragödie verfasste der italienische Librettist Vittorio Amedeo Cigna-Santi ein Libretto, das sich in den Hauptlinien an Racine orientiert. Der Schluss allerdings ist geändert: Mithridates' Sohn Parnace (Pharnakes) zeigt Reue und setzt die römischen Schiffe in Brand.

„Farnaces Werk sind diese Flammen, die du siehst.
Er wandte Rom zum Schaden
Die Freiheit und die Waffen an,
Die er von dort erhielt.
Um mit dem schönen Namen Sohn
Vor dem Vater hinzutreten,
Nahm er die Scham auf sich, undankbar zu scheinen."

a. Wie wird hier der Freiheitsbegriff verstanden? Inwiefern stimmt seine Funktion mit der in Sallusts Text überein?

Das vierzehnjährige Musikgenie Wolfgang Amadeus Mozart (1756-1791) erhielt 1770 den Auftrag, für das Mailänder Regio Ducal Teatro dieses Libretto zu vertonen. Die Premiere am 6. Dezember 1770 hatte einen durchschlagenden Erfolg. Das Finale bildet ein Quintett der Protagonisten, unmittelbar nachdem Mithridates, überglücklich durch die Aussöhnung mit Farnace (Pharnakes, anderer Name für Arsaces), verstarb:

Non si ceda al campidoglio,	Niemals werden wir dem Kapitol uns beugen
Si resista a quell' orgoglio,	Und leisten Widerstand dem zügellosen Stolz.
Che frenarsi ancor non sa.	Immer Krieg und niemals Frieden
Guerra sempre e non mai pace	Sollen diesem stolzen Geist,
Da noi abbia un genio altero,	Der es versucht, der ganzen Welt
Che pretende al mondo intero	Die Freiheit zu entziehen,
D'involar la libertá.	Durch uns bereitet werden.

(3. Akt, Szene 12)

Amsterdam: Szene aus Mozarts „Mitridate, Rè di Ponto" mit Richard Croft (Sifare), Bruce Ford (Mitridate) und Susan Patterson (Aspasia)

5

Das Attentat auf Caesar

Oder: Wie der größte Römer dem Tyrannenmord zum Opfer fiel
von Christian Jessen-Klingenberg

Porträtbüste des Gaius Iulius Caesar, römisch-ägyptisch, 1. Jh. n.Chr., Berlin, Staatliche Antikensammlung

1. Projektbegründung

Was ist wichtiger: Freiheit oder Sicherheit? Wie verhalten sich Macht und Recht zueinander? Was kann das Recht tun, wenn Freiheit zur Maßlosigkeit geworden ist, und was darf die Freiheit, wenn Recht nur noch das Paragraphenkorsett der Gewalt darstellt? Wer darf im Namen von Recht und Freiheit handeln, und wie weit darf er gehen? Darf ein Einzelner das Recht mit Macht wiederherstellen? Kann er das überhaupt? Oder führt unbeschränkte Macht in der Hand eines einzigen Menschen, und sei es auf Zeit, zwangsläufig in die Despotie? Sind Despotie und Gesetzlosigkeit im Kern dasselbe? Oder kann man in einer Despotie auch normal leben?

Mit solchen Fragen müssen sich Menschen auseinander setzen, seit sie angefangen haben, in rechtlich verfassten Gemeinschaften zu leben, deren Funktionieren von ihrer rationalen Zustimmung und Mitwirkung abhängt. „Der geniale Gedanke der sich selber regierenden Freiheit" (Theodor Mommsen) gründete Staaten – und er vernichtete sie; er erzwang eine rational nachvollziehbare Ordnung des Gemeinwesens und hat deswegen Menschen mit Gewissen immer wieder zu nicht nur gedanklichen Balanceakten zwischen Freiheit und Sicherheit, Macht und Recht genötigt.

Menschen sind nicht unfehlbar. Wenn über die Freiheit zu wachen Aufgabe jedes Einzelnen ist, sind menschliche Ordnungen auch menschlichem Irrtum preisgegeben. Oft genug hat der Gedanke der Freiheit freiheitliche Rechtsstaaten von innen zerfressen, ihren Freiraum missbraucht, ihre Staatsmänner Gewalt und Mord preisgegeben. Die Frage, ob man einen Alleinherrscher beseitigen, einen Tyrannen ermorden darf, ist deshalb eines der ältesten und schwierigsten Probleme abendländischen Staatsdenkens.

Gewaltherrscher haben es fast immer verstanden, ihre Gewalttaten mit dem Schein des Rechts zu umgeben und damit vor sich und denjenigen, die nicht genau hinsehen wollten, zu rechtfertigen. Sie verstoßen nicht gegen die Formalien, sondern gegen die – oft ungeschriebenen – Grundprinzipien freiheitlicher Verfassungen. Diejenigen, die die Verletzung solcher Prinzipien beseitigen und durch eine in ihren Augen – für sie selbst und andere – bessere Ordnung ersetzen wollen, nehmen dabei in Kauf, eine Phase der Unordnung herbeizuführen, in der sich die Freiheit Bahn bricht, aber weder Recht noch Gesetz gelten. Freiheitskämpfer verursachen also eine Zeitlang etwas, was sie gerade beseitigen wollen: Unrecht. Nur dadurch, dass sie sich auf Prinzipien und Ideale berufen, nur durch ihr Gewissen können sie sich rechtfertigen; sie können keine prinzipiellen Gesetzes- und Ordnungsgegner sein, weil selbst die freieste Gemeinschaft ohne fixierte Regelungen nicht dauerhaft funktionieren kann. Dieser Konflikt zwischen Gesetz und Recht aber hat seit der Antike schwer auf dem Gewissen der Freiheitskämpfer gelastet.

Das Problem, ja die Tragik eines Tyrannenmords ist Gegenstand der folgenden Lektüre, die das Thema an einem der bekanntesten Beispiele der Weltgeschichte vorstellt.

2. Informationen zu Geschichte, Autor und Werk

i 1

Gaius Suetonius Tranquillus

Über den Autor des nachfolgenden Textes ist außer seinem Namen nur sehr wenig bekannt. Gaius Suetonius Tranquillus stammte aus dem Ritterstand und wurde zwischen 60 und 70 n. Chr. geboren. Er erhielt eine fundierte rhetorische Ausbildung, spielte eine Weile mit dem Gedanken, eine Militärkarriere zu verfolgen, arbeitete aber dann als Anwalt. Von Plinius dem Jüngeren gefördert, wurde er von Kaiser Trajan als Privatsekretär eingestellt, bis er von dessen Nachfolger Kaiser Hadrian unter nicht näher geklärten Umständen aus seinen Diensten entlassen wurde. Eine Weile hat er wohl noch als Wissenschaftler und Privatgelehrter gelebt. Dann verlieren sich seine Spuren. Suetons Werk hingegen hat sich in großen Teilen erhalten und gehört seit der Antike zu den meistgelesenen lateinischen Texten, dem wir viele Informationen zum antiken Leben verdanken. Vollständig erhalten sind seine zwölf Kaiserbiographien: *De vita Caesarum* (von Caesar bis Domitian).

i 2

Gaius Iulius Caesar

Jeder kennt Caesar. Neben Cicero, Alexander dem Großen und Sokrates ist er der prominenteste Mann der Antike. Mit ihm endete die römische Republik und begann die Kaiserzeit, sein Name lebt bis heute in Titeln und Herrschaftsbezeichnungen fort, seine Schriften wurden von Staatsmännern, Strategen und Schülern studiert, sein Schicksal von Künstlern unzählige Male verarbeitet und illustriert. Auch die französischen Comicautoren René Goscinny und Albert Uderzo („Asterix") setzten in ihren Werken auf seinen Bekanntheitsgrad.

a

Auf welches kommende Ereignis spielt der Zeichner an? Welche Details erfahren wir darüber?

Im Frühjahr des Jahres 45 v. Chr. hatte Gaius Iulius Caesar (100-44 v. Chr.) den von ihm ausgelösten römischen Bürgerkrieg (s. auch S. 20) gewonnen. Mehr als vier Jahre lang hatte er seine Gegner in allen Provinzen des Römischen Reiches bekämpft und nacheinander besiegt. Unter der Stadtbevölkerung Roms und den überlebenden römischen Politikern herrschten Verunsicherung und Hoffnung: Würde Caesar die alte *res publica* wiederherstellen oder würde er seine tatsächliche Alleinherrschaft zu einer gesetzlich verankerten Monarchie ausbauen, gar den seit altersher verpönten Titel *rex* annehmen? Die Fülle der Ehrungen und Ämter, mit denen Caesar ab Sommer 45 v. Chr. bedacht wurde, erhärtete allerdings den Verdacht, dass die Einführung der Monarchie nur noch eine Frage der Zeit sei: Der Senat ernannte ihn zum *pater patriae*, sein Geburtsmonat, der *Quinctilis*, erhielt den Namen *Iulius*, den Diktatortitel erhielt er jetzt auf Lebenszeit, und schließlich wurde er sogar zum lebenden Gott erklärt.

3. Hinführung zum Text

Trotz dieser glänzenden Attribute sank Caesars Ansehen in Rom Ende 45 v. Chr. rapide. Witze kursierten über sein selbstherrliches Auftreten; geschichtskundige Beobachter erinnerten daran, dass schon einmal in Rom ein König vom Volk unter der Führung des legendären L. Iunius Brutus verjagt worden war. Eines Tages fand man sogar an einer Statue Caesars die Aufschrift:

Brutus, quia reges eiecit, consul primus factus est:
hic, quia consules eiecit, rex postremo factus est.

Spottverse dieser Art konnten in der politisch aufgeheizten Atmosphäre Roms als eine Aufforderung des Volkes zum Handeln verstanden werden – und sie wurden von über sechzig prominenten Männern so verstanden, die sich nun gegen Caesar verbanden, an ihrer Spitze Marcus Iunius Brutus und Gaius Cassius. Mehrere Mordpläne wurden erdacht und wieder verworfen; endlich einigte man sich darauf, den Diktator an den Iden des März 44 v. Chr. während einer Senatssitzung, die in der Kurie des Pompeius stattfinden sollte, zu beseitigen.

4. Lateinischer Text

4.1 Missachten aller Warnungen

Sed Caesari futura caedes evidentibus prodigiis denuntiata est.
Immolantem haruspex Spurinna monuit,
  caveret periculum,
    quod non ultra Martias Idus proferretur.
Ob haec simul et ob infirmam valetudinem diu cunctatus,
  an se contineret et,
    quae apud senatum proposuerat agere,
  differret,
tandem Decimo Bruto adhortante,
  ne frequentes ac iam dudum opperientes destitueret,
quinta fere hora progressus est
libellumque insidarum indicem ab obvio quodam porrectum
libellis ceteris,
  quos sinistra manu tenebat,
quasi mox lecturus commiscuit.
Dein pluribus hostiis caesis, cum litare non posset, introiit curiam spreta religione Spurinnamque irridens ut falsum arguens, quod sine ulla sua noxa Idus Martiae adessent. Quamquam is venisse quidem eas dixit, sed non praeterisse.

(Sueton, *Divus Iulius* 81-82)

1. Geben Sie mit eigenen Worten die dargestellten Ereignisse in ihrer zeitlichen Reihenfolge wieder. Warum hat Sueton die Ereignisse in Z. 5-15 in einem Satz beschrieben? Was soll damit erreicht werden?
2. Warum ahnt der gebildete römische Leser schon am Anfang des Textes, dass Caesar Unheil droht? Wodurch wird es unausweichlich? Welche wichtigen Dinge missachtet Caesar? Was ist, in römischen Augen, sein schlimmster Fehler?
3. Was ist in der Karikatur auf S. 56 unzutreffend?

---

evidens, -tis: augenscheinlich, klar, offenbar – **prodigium, -i:** Vorzeichen, Wunderzeichen – **immolare:** opfern – **haruspex, -icis:** Opferbeschauer, Zeichendeuter – Ⓚ Erg. *<ne> caveret* – **ultra** (Adv.): über ... hinaus – **Martius:** dem Mars gehörig; *Martius <mensis>* der März – **Idus, -uum:** die Iden (Monatsmitte: der 15. im März, Mai, Juli, Oktober; sonst der 13.) – **proferre:** ausdehnen, hinauszögern

5 **valetudo, -inis:** Gesundheit(szustand) – Ⓚ *cunctatus*: PC (löse auf: *cunctatus est*) – **se continere** h.: zu Hause bleiben – **proponere:** sich vornehmen – **differre:** aufschieben

10 **frequens, -ntis:** zahlreich – **iam dudum:** schon lange – **opperire:** warten – **destituere:** im Stich lassen, enttäuschen – **progredi** h.: das Haus verlassen, weggehen – **libellus, -i:** Büchlein, kleine Schrift, Zettel – **index, -icis:** Anzeiger, Hinweis – **insidiae, -arum:** Anschlag, Attentat – **obvius:** entgegenkommend, begegnend – **porrigere** (*porrexi, porrectum*): darreichen, hinhalten – **sinister, -stra, -strum:** links, linker

15 Ⓚ *quasi mox lecturus* ~ *quasi mox legere vellet* – **hostia, -ae:** Opfertier – **litare:** unter günstigen Vorzeichen opfern – **introire:** eintreten, betreten – **spernere** (*sprevi, spretum*): missachten – **irridere:** auslachen, verhöhnen – **religio, -onis:** religiöses Bedenken – **falsus** h.: Falschdeuter – **arguere:** anklagen, beschuldigen – **noxa, -ae:** Schaden – **quamquam:** indes

Karl von Piloty: Die Iden des März, 19. Jh., Hannover, Niedersächsische Landesgalerie

4.2 Das Attentat

Assidentem conspirati specie officii circumsteterunt, ilicoque Cimber Tilius, qui primas partes susceperat, quasi aliquid rogaturus propius accessit renuentique et gestu in aliud tempus differenti ab utroque umero togam apprehendit. Deinde clamantem: „Ista quidem vis est!“ alter e Cascis aversum vulnerat paulum infra iugulum.

Caesar Cascae bracchium arreptum graphio traiecit conatusque prosilire alio vulnere tardatus est. Utque animadvertit undique se strictis pugionibus peti, toga caput obvolvit, simul sinistra manu sinum ad ima crura deduxit, quo honestius caderet etiam inferiore corporis parte velata. Atque ita tribus et viginti plagis confossus est uno modo ad primum ictum gemito sine voce edito, etsi tradiderunt quidam Marco Bruto irruenti dixisse: καὶ σύ, τέκνον?

(Sueton, *Divus Iulius* 82)

---

assidere: sich hinsetzen – **conspiratus, -i:** Verschwörer – **ilico** (Adv.): sofort – **primas partes suscipere:** die Führungsrolle übernehmen – Ⓚ *quasi aliquid rogaturus ~ quasi aliquid rogare vellet* – **rogare** h.: einen Antrag stellen – **renuere:** abwinken, missbilligen – **differre:** aufschieben – **ab utroque umero:** an beiden Schultern – **apprehendere:** anfassen, packen – **Casca, -ae:** Name von zwei Brüdern – **Cascae:** die Casca-Brüder – **aversus:** abgewandt, von hinten – **infra** (Adv.): unterhalb – **iugulum, -i:** Kehle

bracchium, -i: Arm – **arripere:** packen – **graphium, -i:** Schreibgriffel – **traicere:** durchbohren – **ut** (m. Ind. Perf.): sobald – **prosilire** h.: nach vorne aufspringen – **tardare:** aufhalten, zurückhalten – **undique** (Adv.): von allen Seiten – **stringere** (*strinxi, strictum*) – **pugio, -onis:** Dolch – **obvolvere:** bedecken, verhüllen – **imus:** unterst, ganz unten – **crus, -ris:** Unterschenkel, Fuß – **sinum deducere:** den Faltenwurf der Toga hinabziehen – **quo** (m. Komp.): damit umso – **inferior, -oris:** unterer, der untere – **velare:** verhängen, verhüllen – **plaga, -ae:** Schlag, Stoß – **confodere** (*confodi, confossum*): durchbohren

Ⓚ *Verbinde uno ... gemito ... edito*: Abl. abs. – **ad primum ictum:** beim ersten Stich, auf den ersten Stich hin – **sine voce:** ohne Laut – **edere** h.: von sich geben

irruere alci: eindringen auf jdn. – **καὶ σύ, τέκνον** (griech.): „Auch du, mein Kind?“

1. Geben Sie die einzelnen Schritte des Attentats stichwortartig – auch unter Angabe der entsprechenden lateinischen Wörter und Wendungen – wieder.
2. Was ruft Caesar aus, als er sieht, was geschieht? Was zeigt seine Empörung?
3. Finden Sie es plausibel, dass Caesar seine letzten Worte auf Griechisch gesagt haben soll? Wie ist die Meinung des Autors dazu? Begründen Sie Ihre Stellungnahme.

4.3 Reaktionen auf den Mord

Exanimis diffugientibus cunctis aliquamdiu iacuit, donec lecticae impositum dependente bracchio tres servoli domum rettulerunt. Nec in tot vulneribus, ut Antistius medicus existimabat, letale ullum repertum est, nisi quod secundo loco in pectore acceperat. Fuerat animus coniuratis corpus occisi in Tiberim trahere, bona publicare, acta rescindere, sed metu Marci Antoni consulis et magistri equitum Lepidi destiterunt. In summo publico luctu exterarum gentium multitudo circulatim suo quaeque more lamentata est praecipueque Iudaei, qui etiam noctibus continuis bustum frequentaverunt. Curiam, in qua occisus est, obstrui placuit Idusque Martias Parricidium nominari, ne umquam eo die senatus ageretur. Percussorum autem fere neque triennio quisquam amplius supervixit neque sua morte defunctus est. Damnati omnes alius alio casu periit, pars naufragio, pars proelio; nonnulli semet eodem illo pugione, quo Caesarem violaverant, interemerunt.

(Sueton, *Divus Iulius* 82; 84; 88-89)

1. Geben sie den gesamten Text in eigenen Worten wieder. Welcher Spannungsbogen lässt sich nachzeichnen?
2. Wie wirkt Caesars Ende auf die unmittelbaren Beobachter – und wie auf den Leser?
3. Überlegen Sie, warum die Stimmung nach Caesars Tod so schnell umschlägt. Haben Sie eine Erklärung dafür, dass vor allem Ausländer um Caesar trauern?
4. Wie stellt Sueton das Ende der Caesarmörder dar? Was will er damit erreichen?

---

exanimis, -e: entseelt, tot – **diffugere**: in alle Richtungen fliehen – **lectica, -ae:** Sänfte, Trage – **dependere:** herabhängen – **servolus, -i:** (junger) Sklave – **letalis, -e:** tödlich – **secundo loco:** an zweiter Stelle, als zweiten (Stich) – **animus, -i** h.: Absicht
Tiberis, -is: Tiber – **publicare:** allgemein machen, beschlagnahmen – **rescindere** h.: aufheben, ungültig machen – **magister equitum:** Reiteroberst (Stabschef eines römischen Diktators) – **luctus, -us:** Trauer – **exterus:** auswertig, ausländisch – **circulatim** (Adv.): gruppenweise – **lamentari:** klagen, jammern – **praecipue** (Adv.): vornehmlich, besonders – **Iudaei, -orum:** Juden (lebten damals in großer Zahl als religiöse Sekte in Rom) – **noctibus continuis:** in zusammenhängenden Nächten, Nacht für Nacht – **bustum, -i:** Leichenbrandstätte, Grab – **frequentare:** besuchen – **obstruere:** versperren, zumauern – **placet:** man beschließt – **parricidium, -i:** (eigtl.: Vatermord) Mord, Hochverrat
percussor, -oris: Totschläger, Mörder – **triennium, -i:** Zeit(raum) von drei Jahren, drei Jahre; Ⓚ *triennio*: Abl. comp. zu *amplius* (mehr, länger) – **supervivere:** überleben – **sua morte defungi:** eines natürlichen Todes sterben – **damnati, -orum** h.: die Schuldigen – **naufragium, -i** (*naves; frangere*): Schiffsbruch – **semet:** verstärktes *se* – **pugio, -onis:** Dolch – **violare:** verletzen – **interimere** (*interemi*): beseitigen, töten

5. Caesars Bild in zeitgenössischen Dokumenten

Caesar lebte zu einer Zeit, in der Massenkommunikation wichtig war, aber überwiegend mündlich und unmittelbar ablief. Jeder Staatsmann, der politische Botschaften und Programme wirkungsvoll verbreiten wollte, musste also mindestens ein guter Redner sein. Daneben nutzte man aber auch schriftliche und gegenständliche Mittel der Propaganda: Papyrus und Pergament, was allerdings für die Massenverbreitung zu teuer und zu aufwändig war.
Es gab jedoch Gegenstände, die massenhaft hergestellt wurden, handlich waren, beschriftet werden konnten und jeden Tag durch die Hände von Armen und Reichen, Gebildeten und Analphabeten gingen: Münzen.
Auf Münzen konnte man das, was man sagen wollte, tausendfach unters Volk bringen – in knapper und stilisierter Form.
Aus der Spätzeit der Römischen Republik und der Zeit der Bürgerkriege sind viele Münzen erhalten, aus denen wir auch heute noch ablesen können, was uns die Auftraggeber ihrer Prägung sagen wollten. Zwei der bekanntesten Exemplare überliefern uns in knappster Form Caesars Programm und die Botschaft der Caesarmörder.

Münze des Münzmeisters (Beamter, der die Herstellung von Münzen kontrollierte) Lucius Aemilius Buca aus dem Jahr 44 v. Chr.

Münze des Lucius Plaetorius Cestius aus dem Heer der Caesarmörder, um 43/42 v. Chr.

1. Entziffern Sie die Münzen, und vergleichen Sie die Bilder: Was ist auf ihnen jeweils dargestellt?
2. Wofür – und wogegen – stehen die Symbole auf beiden Münzen? Welche Münze ist aussagekräftiger?

6. Vergleichstext: Die Ermordung Abraham Lincolns

Von 1861 bis 1865 tobte in den Vereinigten Staaten von Amerika der Sezessionskrieg zwischen Nord- und Südstaaten. Während der Norden für den Erhalt der Union und die Abschaffung der Sklaverei kämpfte, suchte der Süden seine politische Unabhängigkeit zu erreichen, um seine Wirtschafts- und Sozialordnung, die die Sklaverei einschloss, zu bewahren.
Für die USA war es der blutigste Krieg in ihrer Geschichte; in ihm starben mehr amerikanische Soldaten als in allen anderen Kriegen zusammen, einschließlich beider Weltkriege.
Präsident der USA war der Rechtsanwalt Abraham Lincoln, der aus kleinsten Verhältnissen stammte und sich durch harte Arbeit und seinen guten Ruf als entschlossener und ehrlicher Politiker für das Amt qualifiziert hatte. Lincoln wurde 1860 von den Anhängern der Partei gewählt, die die Zukunft der USA als einheitlichen liberalen Industriestaat sah, in dem es für die Sklaverei keinen Platz mehr geben würde. Obwohl Lincoln selbst kein radikaler Abolitionist (Gegner der Sklaverei) war und über dieser Frage die Union nicht zerbrechen lassen wollte, wurde seine Wahl vom Süden als Kriegserklärung aufgefasst, so dass im Winter 1860/61 elf Südstaaten ihren Austritt aus den Vereinigten Staaten erklärten und die „Konföderierten Staaten von Amerika" proklamierten. Die folgenden vier Jahre Krieg zerstörten den Alten Süden, beendeten die Sklaverei und sicherten den Erhalt der Union, sie lösten alte Konflikte, rissen aber auch neue Wunden, die lange nicht verheilten.
Im Frühjahr 1865 war der Süden wirtschaftlich und militärisch am Ende; seine Armee kapitulierte am 9. April vor einer gewaltigen Übermacht. Lincoln sah seine Ziele verwirklicht, aber er ahnte, dass es mindestens ebenso großer Anstrengungen bedurfte, um das zerstörte Land wiederaufzubauen und nach der äußeren die innere Einheit wiederherzustellen: das Land brauchte Recht und nicht Rache, wie einige Radikale forderten. Am 11. April umriss Lincoln in einer Rede vom Balkon des Weißen Hauses, wie er sich den Frieden und die Wiederherstellung der verfassungsmäßigen Ordnung in den Südstaaten vorstellte; fast beiläufig erwähnte er, dass er es befürworten würde, Schwarzen mit Schulbildung und schwarzen Veteranen das Wahlrecht zu geben. Seine Worte wurden von einem jungen Mann gehört, der nun alles daransetzen wollte, genau das zu verhindern und den „Süden zu rächen": John Wilkes Booth.
John Wilkes Booth war 1838 als Sohn von Junius Brutus Booth geboren worden. Wie sein Vater schlug er die Schauspielerlaufbahn ein, wobei ihm sein Hang zu Abenteuerei und romantischer Selbstüberschätzung viele Wege glättete; schon als Kind trieb ihn die Frage um, „wie berühmt ein Mann sein werde, der den Koloss von Rhodos zu Fall bringe". Booth wurde gleichwohl zunächst als Schauspieler bekannt und brachte es zu einigem Ruhm, nicht zuletzt wegen seiner Rolle in einer Broadwayproduktion des Julius Caesar von Shakespeare. Während des Krieges war er ein glühender Anhänger des Südens und davon überzeugt, dass die Konföderierten ihre althergebrachte Lebensweise und republikanische Freiheit gegen die Tyrannei des Nordens

verteidigten. Die Niederlage traf ihn wie ein Schock, doch hoffte er, durch eine Tat das Signal zu einem allgemeinen Aufstand gegen die Sieger des Krieges geben zu können. Am 14. April, drei Tage nach Lincolns Rede, erfuhr Booth, dass der Präsident am Abend ins Theater gehen wolle, um sich eine britische Komödie anzusehen. Booth versammelte seine Anhänger und unterbreitete ihnen seinen Plan für den Abend: jeder von ihnen sollte ein Regierungsmitglied töten, während er selbst den Präsidenten mitsamt dem Oberbefehlshaber der US-Armee, General Ulysses Grant, erschießen wollte. Abraham Lincoln hatte in diesen Tagen unruhige Träume. Er träumte, von Schluchzgeräuschen geweckt zu werden, denen er bis in den Ostflügel des Weißen Hauses folgte. „Dort wartete eine widerliche Überraschung auf mich", vertraute er wenig später einem Freund an: „Vor mir lag eine aufgebahrte Leiche. ‚Wer ist dieser Tote hier im Weißen Haus?' fragte ich einen der Soldaten, die dort Wache standen. ‚Der Präsident', kam die Antwort: ‚Er wurde ermordet.'"

Die Ermordung Abraham Lincolns auf einer zeitgenössischen Radierung

Am frühen Abend des 14. April 1865 machten sich die Verschwörer ans Werk. Booth holte sein Pferd aus einem Mietstall in der Nähe des Theaters. Ein Junge wurde beauftragt, es beim Bühneneingang bereitzuhalten. In letzter Minute beschlossen General Grant und seine Frau, nicht ins Theater zu gehen und statt dessen nach Philadelphia zu fahren.

Die Lincolns nahmen ihre Plätze in der Präsidentenloge ein, die mit der US-Flagge drapiert war. Mit ihnen saßen Major Henry Rathbone und seine Verlobte. Dem Präsidenten schien das Stück zu gefallen; seine Frau hielt seine Hand.

Booth kippte in der Theaterbar einen großen Whisky hinunter und stieg dann langsam die Treppe hinauf. Er wartete auf lautes Gelächter und schlich sich um 9.45 h in die Loge. In der linken Hand hielt er einen Dolch, in der rechten eine Derringer-Pistole. Ein wenig wartete er noch, bis das Stück an einer Stelle ankommen würde, an der nur ein Schauspieler auf der Bühne stand.

Lincoln hatte sich gerade lachend über die Balustrade gelehnt, als Booth seinen großen Auftritt gekommen sah. Er feuerte auf den Präsidenten und schwang sich auf die Logenbrüstung, um von dort auf die Bühne zu springen, wurde aber von Major Rathbone zurückgehalten. Booth stach ihm mit seinem Dolch in den Arm, so dass Rathbone zwar loslassen musste, aber den eleganten Sprung verhinderte, mit dem der Attentäter seine Vorstellung krönen wollte: Er blieb mit der rechten Spore in der Fahne hängen, drehte sich einmal um seine Achse und fiel plump auf die Bühne. Dabei brach er sich das linke Bein. Er fuchtelte mit seinem Dolch herum und rief dem entsetzten Publikum etwas zu. Manche hörten „Sic semper tyrannis!“ – der Wahlspruch des Staates Virginia. Andere hörten „The South is avenged!“ – Rache für den Süden. Dann humpelte er zum Bühneneingang, wo sein Pferd wartete, mit dem er entkam. Einen Augenblick lang war es totenstill im Theater. Dann schrie Mary Lincoln auf.

Die Kugel aus Booths Pistole war in Lincolns Hinterkopf eingedrungen, hatte das Gehirn durchschossen und war hinter dem rechten Auge stecken geblieben. Ein Chirurg aus dem Publikum stellte fest, dass die Wunde tödlich sei. Soldaten trugen den bewusstlosen Präsidenten aus dem Theater in eine Pension auf der anderen Seite der Straße, wo er am folgenden Morgen starb.

Booth hatte sein Attentat zwar erfolgreich ausgeführt, doch alle seine Komplizen hatten versagt, indem sie ihre Anschläge entweder stümperhaft ausführten oder ganz den Mut verloren. Auch seine weiteren Pläne scheiterten. Der Mord an Lincoln, der erste an einem US-Präsidenten, wurde überall, in Nord und Süd, mit Abscheu und Empörung aufgenommen: er bewirkte lähmendes Entsetzen, keine wirbelnde Volkserhebung. Die Amerikaner waren in ihrer Trauer vereint – zum ersten Mal seit Ausbruch des Bürgerkriegs.

Der Attentäter überlebte sein Opfer nur um kurze Zeit. Am 26. April umstellten Unions-Kavalleristen sein Versteck in einer Tabakscheune in Virginia. Die Soldaten setzten die Scheune in Brand. Booths Komplize ergab sich, er selbst wählte den Tod. Seine letzten Worte, bevor er erschossen wurde, waren: „Sinnlos, sinnlos.“

(Christian Jessen-Klingenberg)

a

1. Stellen Sie die Unterschiede und Parallelen zu Caesars Ermordung zusammen!
2. Was bewog den Mörder Lincolns zu seiner Tat? Worin irrte er?
3. Fallen Ihnen weitere Beispiele politisch motivierter Morde oder Mordversuche ein?

7. Rezeptionsdokument: Wie Diktatoren Intellektuelle sehen

[CAESAR/CAESAR]

Let me have men about me that are fat,	Lasst wohlbeleibte Männer um mich sein,
Sleek-headed men, and such as sleep a-nights.	Mit glatten Köpfen und die nachts gut schlafen.
Yon Cassius has a lean and hungry look.	Der Cassius dort hat einen hohlen Blick.
He thinks too much. Such men are dangerous.	Er denkt zu viel: *die* Leute sind gefährlich.

[ANTONY/ANTONIUS]

Fear him not, Caesar, he's not dangerous.	O fürchte den nicht, er ist nicht gefährlich.
He is a noble Roman, and well given.	Er ist ein edler Mann und wohlgesinnt.

[CAESAR/CAESAR]

Would he were fatter! But I fear him not.	Wär' er nur fetter! – Zwar ich fürcht' ihn nicht;
Yet if my name were liable to fear,	Doch wäre Furcht nicht meinem Namen fremd,
I do not know the man I should avoid	Ich kenne niemand, den ich eher miede
So soon as that spare Cassius. He reads much,	Als diesen hagern Cassius. Er liest viel,
He is a great observer, and he looks	Er ist ein großer Prüfer und durchschaut
Quite through the deeds of men.	Das Tun der Menschen ganz.
He loves no plays,	Er liebt kein Spiel,
As you dost, Antony; he hears no music.	Wie du, Antonius; hört nicht Musik.
Seldom he smiles, and smiles in such a sort	Er lächelt selten, und auf solche Weise,
As if he mocked himself, and scorned his spirit	Als spott' er sein, verachte seinen Geist,
That could be moved to smile at anything.	Den irgendwas zum Lächeln bringen konnte.
Such men as he be never at heart's ease,	Und solche Männer haben nimmer Ruh',
Whiles they behold a greater than themselves,	Solang' sie jemand größer seh'n als sich:
And therefore are they very dangerous.	Das ist es, was sie so gefährlich macht.

(William Shakespeare, *Julius Caesar*, 1. Akt, 2. Szene)

6

Ovid

Die Lykischen Bauern

Oder: Wie hart sich die antiken Götter rächen
von Alina Loose

Brunnenskulpturen des Latona-Brunnens vor Schloss Herrenchiemsee in Bayern, 19. Jh.

1. Projektbegründung

Der antike Mythos ist das Rückgrat der europäischen Tradition. Er enthält nach dem Germanisten Wolfram Wuttke „archetypisch in die Psyche Europas versenkte Erinnerungsbilder". Dieser Mythos erweist gerade heute, wie der polnische Philosoph Leszek Kolakowski meint, aufs Neue seine „Gegenwärtigkeit", und tatsächlich sind mit der zweiten Hälfte des 20. Jahrhunderts Künstler und Literaten wieder verstärkt in seinen Bann geraten.
Zeitlos sind offensichtlich die phantastischen Bilder von Orpheus, Antigone, Ödipus, Odysseus, Sisyphus, Herakles, Pygmalion, Europa, Dädalus und Ikarus. „Wie", so fragt der Literaturwissenschaftler George Steiner, „können wir diesen außergewöhnlichen Vorrat an fundamentalen Themen und Motiven, diese unaufhörliche Rückbesinnung auf griechische Stoffe und Quellen in einer positivistischen, technisch-wissenschaftlichen Ära des Westens erklären? Sind wir modernen Menschen unfähig, Mythen und beispielhafte Situationen selbst machtvoll zu bilden und zu formulieren, dass sie so beschwörend wirken wie einst in Argos oder Thessalien?"

Schale des Ödipus-Malers, 5. Jh. v.Chr., Rom, Vatikanische Museen. Ödipus stellt sich dem Rätsel der Sphinx: „Was ist das für ein Lebewesen, das zunächst vierfüßig geboren, dann zweifüßig geworden ist, dann dreifüßig, schließlich wiederum vierfüßig?"

Vielleicht ist die Antwort: weil die großen existentiellen Menschheitsfragen prinzipieller, zeitunabhängiger nicht dargestellt werden können, als es in diesen Konfigurationen der Antike geschehen ist. Wäre deshalb die geistig-kulturelle Szene nicht verarmt, wenn sie die mythischen Bilder als Mittel einer metaphorischen Verständigung verloren hätte, wenn die Begegnung mit den Gestalten des Mythos nicht weiter das individuelle und kollektive Bewusstsein des europäischen Menschen mitformte? Die Menschen, die sich heute dem Logos, dem berechnenden Verstand, wie es scheint, verschrieben haben, wollen sich offensichtlich doch den Verlust des Mythos nicht leisten.
Sich mit diesem Mythos oder einigen seiner Geschichten und Gestalten eingehend auseinander zu setzen, fördert nicht nur die Besinnung auf die Wurzeln der europäischen Kultur, es vollzieht sich dabei immer auch ein Stück ganz persönlicher Selbsterfahrung. Jeder Mythos enthält eine existentielle Wahrheit, in der sich Bedingungen und Möglichkeiten des menschlichen Schicksals spiegeln. Seine Aussagekraft ist daher ungebrochen.

2. Informationen zu Autor und Werk

i 1

Publius Ovidius Naso

Viele antike Mythen sind uns aus dem Werk des römischen Dichters Publius Ovidius Naso (etwa 43 v. Chr.-17 n. Chr.) bekannt. Aus vermögenden Verhältnissen stammend, wurde er zur Erziehung und Ausbildung nach Rom geschickt, wo er sich vor allem dem Studium der Rhetorik widmete. Die geplante politische Laufbahn gab er aber bald auf, um sich ganz der Dichtung widmen zu können, die er als die unausweichliche Bestimmung seines Lebens erkannt hatte (*et quod dicere temptabam, versus erat*). Seine Veröffentlichungen verschafften ihm schon in jungen Jahren großen Erfolg und Ruhm; bis in die heutige Zeit ist dieser Ruhm ungebrochen.

i 2

Die *Metamorphosen*

Ovids umfangsreichstes Werk sind die *Metamorphosen*. In einem „ununterbrochenen Lied" (*carmen perpetuum*) stellt er die Weltgeschichte vom Anfang bis zur Zeit des Augustus, also bis zur Gegenwart, dar. Mythos und Historie werden darin kunstvoll miteinander verknüpft. In 15 Büchern, etwa 250 in Hexametern verfassten Verwandlungsgeschichten, schildert Ovid die verschiedensten Situationen und Verhaltensweisen aus dem menschlichen Leben und gestaltet Verwandlungen von Welt und Menschen in immer neue Formen und Gestalten. In diese Geschichten reiht sich auch der folgende Mythos ein, der unter der Überschrift „Die Lykischen Bauern" steht.

Luca Signorelli: Bildnis des Ovid, 16. Jh., aus dem Freskenzyklus in der Cappella Nuova di San Brizio im Dom von Orvieto

3. Hinführung zum Text

In einem Gespräch über die gewaltige Macht der Götter und die bestrafte Hybris Sterblicher, so schreibt Ovid, berichtet einer der Anwesenden von einer wundersamen Begebenheit: Bei einem Aufenthalt im kleinasiatischen Lykien sei er mit seinem einheimischen Führer an einen See gekommen, in dessen Mitte ein verwitterter schwarzer Altar stand. Ehrfürchtig sei sein Begleiter stehen geblieben und habe nach einem Gebet folgende Geschichte erzählt: Die Göttin Latona gelangte einst auf der Flucht vor der Eifersucht Junos – denn Latona war die Geliebte von Junos Ehegatten Jupiter – mit ihren beiden kurz zuvor auf Delos geborenen Kindern Apoll und Diana in diese Gegend.

4. Der lateinische Text

4.1 Die Notlage der Göttin Latona

Iamque Chimaeriferae, cum sol gravis ureret arva,
finibus in Lyciae longo dea fessa labore
sidereo siccata sitim collegit ab aestu
uberaque ebiberant avidi lactantia nati.
Forte lacum mediocris aquae prospexit in imis
vallibus: agrestes illic fruticosa legebant
vimina cum iuncis gratamque paludibus ulvam.
Accessit positoque genu Titania terram
pressit, ut hauriret gelidos potura liquores.

(Ovid, *Metamorphosen* VI 339-347)

1. Mit welchen Worten und stilistischen Mitteln gestaltet der Dichter die Situation der Göttin? Welche Wirkung erzielt er damit? Beachten Sie dabei auch, wie der Dichter den vor Latona liegenden See beschreibt.
2. Beschreiben Sie Latonas Erscheinung aus Sicht der Bauern.

Latona mit ihren beiden Kindern Apollo und Diana, Marmorstatuette im Museo Torlonia

4.2 Die Bittrede der Göttin

Rustica turba vetant; dea sic affata vetantes:
„Quid prohibetis aquis? Usus communis aquarum est;
nec solem proprium natura nec aëra fecit
nec tenues undas: ad publica munera veni.

Chimaeriferus: die Chimaere hervorbringend (Feuer schnaubendes Ungeheuer mit dem Kopf eines Löwen, dem Leib einer Ziege und dem Schwanz eines Drachen) – Ⓚ Ordne: *in finibus Chimaeriferae Lyciae* – **arva, -orum:** Felder – **sidereo ab aestu:** von der Sonnenhitze – **siccatus:** ausgetrocknet – **sitim colligere:** Durst bekommen – **uber, uberis:** Brust (der Mutter) – **ebibere:** austrinken – **lactare:** Milch geben – **nati, -orum:** die Kinder

mediocris, -e: mäßig tief, niedrig – **in imis vallibus:** tief unten im Tal – **agrestis, -is:** Bauer – **fruticosa vimina:** buschige Weidenruten – **iuncus, -i:** Binse – **ulva, ulvae:** Schilf – **grata paludibus:** (Schilf,) das gerne an Sümpfen wächst – **genu, -us:** Knie – **Titania, -ae:** Titanentochter (Latona: Tochter des Titanen Coeus) – **haurire** (*hausi, haustum*): schöpfen – **gelidus:** kalt, kühl – **liquor, liquoris:** Flüssigkeit – Ⓚ *potura*: Partizip Futur mit finalem Sinn (zu *potare*): trinken

rusticus: bäuerlich, der Bauern – **affari** (*affatus sum*): ansprechen; Ⓚ *affata*: erg. *est* – **aëra:** Akk. von *aër, aëris*: Luft – **tenuis, -e:** klar – **publica munera:** Gaben, die allen gehören

Quae tamen ut detis, supplex peto. Non ego nostros
abluere hic artus lassataque membra parabam,
sed relevare sitim. Caret os umore loquentis
et fauces arent, vixque est via vocis in illis.
Haustus aquae mihi nectar erit, vitamque fatebor
accepisse simul: vitam dederitis in unda.
Hi quoque vos moveant, qui nostro bracchia tendunt
parva sinu.“ Et casu tendebant bracchia nati.

(Ovid, *Metamorphosen* VI 348-359)

1. Welche Argumente führt Latona an, um die Bauern davon zu überzeugen, ihr das lebensnotwendige Wasser zu gewähren? Finden Sie dazu Schlüsselbegriffe im Text.
2. Welcher Wandel vollzieht sich in ihrer Rede, wenn Sie die Art der Argumente betrachten?

Jan Brueghel d.Ä.: Latona und die Lykischen Bauern, 17. Jh.,
Frankfurt, Städelsches Kunstinstitut

---

abluere: abwaschen – **artus, -uum:** Gelenke, Glieder – **lassatus:** ermattet, müde – **parare:** sich anschicken, im Sinn haben

sitim relevare: den Durst lindern, löschen – **umor, -oris:** Feuchtigkeit, Flüssigkeit – **fauces, -um:** Kehle – **arere:** trocken sein – **haustus, -us:** Schluck, Trunk – **nectar, -aris:** Nektar, Göttertrank – **in unda:** mit dem Wasser

bracchia tendere: die Arme ausstrecken – **sinus, -us:** Brust, Schoß

4.3 Die Verfluchung

Quem non blanda deae potuissent verba movere?
Hi tamen orantem perstant prohibere minasque,
ni procul abscedat, conviciaque insuper addunt;
nec satis est: ipsos etiam pedibusque manuque
turbavere lacus imoque e gurgite mollem
huc illuc limum saltu movere maligno.
Distulit ira sitim; neque enim iam filia Coei
supplicat indignis nec dicere sustinet ultra
verba minora dea tollensque ad sidera palmas
„Aeternum stagno“, dixit, „vivatis in isto!“

(Ovid, *Metamorphosen* VI 360-369)

Latona mit ihren Kindern, Brunnenskulptur, 19. Jh., Schloss Herrenchiemsee

1. Stellen Sie eine Liste mit den Wörtern und Wortgruppen zusammen, die Verhaltensweisen der Bauern darstellen! Mit welchen stilistischen Mitteln wird ihr Benehmen hervorgehoben?
2. Womit wird die Enthüllung der Latona als Göttin begründet? Welchen Schlüsselbegriff nennt Ovid? Welche Wirkung erreicht er mit der Umschreibung der Latona als *filia Coei*?

---

blandus: schmeichelnd – **perstare:** verharren, fortfahren – **minae, -arum:** Drohungen – **ni** ~ *nisi* – **convicium, -i:** Schimpfwort, Schmähung – **insuper** (Adv.): obendrein

25 Ⓚ *ipsos* bezieht sich auf *lacus* – **turbare:** aufwühlen, trüben; *turbavere* ~ *turbaverunt* – **imo e gurgite:** aus der Tiefe des Wassers – **limus, -i:** Schlamm – **saltus, -us:** Sprung – **movere** ~ *moverunt* – **malignus:** böswillig – **differre:** verdrängen – **Coeus:** Titan, Vater der Latona (s. v. 8) – **supplicare alci:** jmd. demütig bitten, anflehen – **ultra** (Adv.): länger

30 **verba minora dea** (Abl. comp.): Worte, die einer Göttin unwürdig sind – **sidera, -um:** Sterne, Himmel – **palma, -ae:** (flache) Hand – **aeternum** (Adv.): auf ewig – **stagnum, -i:** Teich

4.4 Die Verwandlung

Eveniunt optata deae: iuvat esse sub undis
et modo tota cava submergere membra palude,
nunc proferre caput, summo modo gurgite nare,
saepe super ripam stagni consistere, saepe
in gelidos resilire lacus. Sed nunc quoque turpes
litibus exercent linguas pulsoque pudore,
quamvis sint sub aqua, sub aqua maledicere temptant.
Vox quoque iam rauca est inflataque colla tumescunt
ipsaque dilatant patulos convicia rictus.
Terga caput tangunt, colla intercepta videntur,
spina viret, venter, pars maxima corporis, albet,
limosoque novae saliunt in gurgite ranae.

(Ovid, *Metamorphosen* VI 370-381)

1. Erstellen Sie eine Liste mit den Wörtern und Wortgruppen, die das Verhalten der Bauern während ihrer Verwandlung in Frösche kennzeichnen. Welche stilistischen Mittel hat der Dichter dabei eingesetzt und worin besteht ihre Wirkung?
2. In welchen Stufen vollzieht sich die Verwandlung? An welcher Stelle und mit welcher stilistischen Finesse wird die Spannung im Text aufgelöst?
3. Vergleichen Sie die erstellten Listen über die Verhaltensweisen der Bauern als Menschen und als Frösche. Welche Beziehungen stellen Sie fest?
4. Beschreiben Sie an Hand dieser Geschichte das Wesen einer Metamorphose bei Ovid.
5. Was muss *pulso pudore* (v. 37) bedeuten, wenn Sie den Gesamtablauf des Geschehens betrachten? Wie sind demnach die Bauern als Menschen einzuschätzen?

Ⓚ erg. *eos* (~ *agrestes*) zu *iuvat esse sub undis* – **cava palude:** in der Tiefe des Sumpfes – **submergere:** untertauchen – **proferre:** herausstrecken – **summo gurgite nare** (~ *natare*): auf der Wasseroberfläche schwimmen

super (mit Akk.): oben auf, oben an – **stagnum, -i:** Teich – **gelidus:** kühl, kalt – **resilire:** zurückspringen – **lites, litium:** Streit – **quamvis** (mit Konj.): obgleich, wenn auch – **maledicere:** lästern, schmähen – **raucus:** rau – **inflare:** aufblasen – **collum, -i:** Hals – **tumescere:** anschwellen

ipsa convicia: eben die Schmähungen – **dilatare:** verbreitern – **patulus rictus** (*-us*): das weit offen stehende Maul – **intercipere:** (dazwischen) herausnehmen – **spina, -ae:** Rückgrat, Rücken – **virere:** grün sein – **venter, ventris:** Bauch – **albere** (*albeo*): weiß sein – **limoso in gurgite:** im schlammigen Wasser, Teich – **salire:** springen – **rana, -ae:** Frosch

Cornelis van Poelenburg: Latona und die Lykischen Bauern,
17. Jh., Florenz, Opificio delle Pietre dure

5. Vergleichstexte

5.1 Die Bedeutung des Wassers für den Menschen

Marcus Tullius Cicero beschäftigte sich mit den Grundbedürfnissen eines Menschen und stellte Regeln auf, die deren Befriedigung sichern sollten. In seinem Werk *De officiis* (I 52) arbeitet er folgende Leistungen heraus, die zu den elementaren Bedingungen menschlichen Zusammenlebens gehören:

Ex quo sunt illa communia: non prohibere aqua profluente, pati ab igne ignem capere, si qui velit, consilium fidele deliberanti dare.

1. Inwiefern kann Latona demnach von einem *usus communis aquarum* (v. 11) und von *publica munera* (v. 13) sprechen, die sie in Anspruch nehmen wolle?
2. Was bewirkt Ovid damit, dass er Latona diese ohnehin allgemein bekannten und gültigen Normen aussprechen lässt?
3. Diskutieren Sie, welche Bedeutung dem Wasser als Gemeingut in der heutigen Zeit zukommt und inwieweit die von Cicero aufgestellte Vorschrift auf die Gegenwart übertragen werden kann.

---

communia: erg. *praecepta* – **profluens, -entis:** (hervor)fließend – **fidelis, -e:** verlässlich – **deliberare:** überlegen, unschlüssig sein

5.2 Das Gleichnis vom verlorenen Sohn

Im Neuen Testament wird davon berichtet, wie sich Jesus mit Sündern trifft und ihnen anhand von Gleichnissen das Verhältnis zwischen Gott und Menschen verdeutlicht. Dabei erzählt er auch das folgende Gleichnis vom verlorenen Sohn:

„Ein Mann hatte zwei Söhne. Der jüngere von ihnen sagte zu seinem Vater: Vater, gib mir das Erbteil, das mir zusteht. Nach wenigen Tagen packte der jüngere Sohn alles zusammen und zog in ein fernes Land. Dort führte er ein zügelloses Leben und verschleuderte sein Vermögen. Als er alles durchgebracht hatte, kam eine große Hungersnot über das Land, und es ging ihm sehr schlecht. Da ging er zu einem Bürger des Landes und drängte sich ihm auf; der schickte ihn aufs Feld zum Schweinehüten. Er hätte gern seinen Hunger mit den Futterschoten gestillt, die die Schweine fraßen; aber niemand gab ihm davon. Da ging er in sich und sagte: Wie viele Tagelöhner meines Vaters haben mehr als genug zu essen, und ich komme hier vor Hunger um. Ich will aufbrechen und zu meinem Vater gehen und zu ihm sagen: Vater, ich habe mich gegen den Himmel und gegen dich versündigt. Ich bin nicht mehr wert, dein Sohn zu sein; mach mich zu einem deiner Tagelöhner. Dann brach er auf und ging zu seinem Vater. Der Vater sah ihn schon von weitem kommen und er hatte Mitleid mit ihm. Er lief dem Sohn entgegen, fiel ihm um den Hals und küsste ihn. Da sagte der Sohn: Vater, ich habe mich gegen dich versündigt; ich bin nicht mehr wert, dein Sohn zu sein. Der Vater aber sagte zu seinen Knechten: Holt schnell das beste Gewand, und zieht es ihm an, steckt ihm einen Ring an die Hand, und zieht ihm Schuhe an. Bringt das Mastkalb her, und schlachtet es. Denn mein Sohn war tot und lebt wieder, er war verloren und ist wieder gefunden worden. Und sie begannen, ein fröhliches Fest zu feiern.

Rembrandt van Rijn:
Der verlorene Sohn, 17. Jh.,
St. Petersburg, Erimitage

Sein älterer Sohn war unterdessen auf dem Feld. Als er heimging und in die Nähe des Hauses kam, hörte er Musik und Tanz. Da rief er einen der Knechte und fragte, was das bedeuten solle. Der Knecht antwortete: Dein Bruder ist gekommen, und dein Vater hat das Mastkalb schlachten lassen, weil er ihn heil und gesund wiederbekommen hat. Da wurde er zornig und wollte nicht hineingehen. Sein Vater aber kam heraus und redete ihm gut zu. Doch er erwiderte dem Vater: So viele Jahre schon diene ich dir, und nie habe ich gegen deinen Willen gehandelt; mir aber hast du nie auch nur einen Ziegenbock geschenkt, damit ich mit meinen Freunden ein Fest feiern konnte. Kaum aber ist der hier gekommen, dein Sohn, der dein Vermögen mit Dirnen durchgebracht hat, da hast du für ihn das Mastkalb geschlachtet. Der Vater antwortete ihm: Mein Kind, du bist immer bei mir, und alles, was mein ist, ist auch dein. Aber jetzt müssen wir uns doch freuen und ein Fest feiern; denn dein Bruder war tot und lebt wieder; er war verloren und ist wiedergefunden worden."

(Lukas 15, 11-32)

a

1. Charakterisieren Sie die verschiedenen Verhaltensweisen des Vaters und seiner beiden Söhne und versuchen Sie die jeweilige Haltung zu begründen.
2. Welche Lehre will Ihrer Meinung nach Jesus mit dem Gleichnis vom verlorenen Sohn vermitteln?
3. Welchen wesentlichen Unterschied zwischen der christlichen und der antiken Gottesvorstellung stellen Sie fest, wenn Sie das im Gleichnis geschilderte Verhalten des Vaters und die von Ovid beschriebene Reaktion der Göttin Latona vergleichen?
4. Auf welchen der beiden abgedruckten Bilder ist die Absicht der Bibelaussage stärker erfasst? Begründen Sie ihr Urteil.

Giorgio de Chirico: Der verlorene Sohn, 1922, Mailand, Civica Galleria d'Arte Moderna

DIE WÜRDE EINER FREMDEN KULTUR

Oder: Wie man sich in einem anderen Land verhalten soll

von Katharina Taddey

Victor Vasarely: Antirassistische Zeichnung, 1939, Budapest, Vasarely Museum

1. Projektbegründung

Vorurteile gegenüber Fremden, Missverständnisse zwischen Angehörigen verschiedener Kulturen und daraus entstehende Abneigungen sind alltägliche Phänomene. Niemand kann sagen, dass er völlig vorurteilsfrei denkt; und allzu oft ist man sich der eigenen Voreingenommenheit gar nicht bewusst. Zwar ist offener Rassismus nur in Randgruppen zu finden, aber eine Abwertung anderer Kulturen muss nicht immer offensichtlich sein, sie kann vielmehr unbewusst geschehen und ohne böse Absicht. Doch bietet diese latente Verachtung des Fremden den Nährboden, auf dem sich unter bestimmten Bedingungen Fremdenfeindlichkeit und Rassismus entwickeln können. Wie aber kommt eine ablehnende Haltung dem Fremden gegenüber zustande?

In der Regel identifizieren sich die Mitglieder einer Kultur mit den meisten ihrer Werte. Dies hat insofern einen Sinn, als Kontinuität und Erhalt der eigenen Kultur ohne grundlegende Übereinstimmung nicht denkbar wären. Die eigene Kultur mit ihren Werten und Vorstellungen bildet die Ausgangsposition für Urteile über andere Kulturen, deren Wertesysteme aber oftmals kaum bekannt sind. So sieht man bei „den anderen" ein bestimmtes Verhalten, ohne die kulturellen Hintergründe zu kennen, so dass dies natürlich befremdlich wirken muss. Dieses Befremden ruft Ablehnung hervor, in manchen Fällen sogar Angst. Fremdes gilt nur selten als fremd im Sinne von „anders, aber gleichberechtigt", vielmehr erscheint es minderwertig oder bedrohlich.

Je größer die Unterschiede zu einer fremden Kultur sind, je weniger man von ihr weiß, desto mehr Missverständnisse, Fehlurteile und Vorurteile können auftreten. Daher sind uns manche Fremde auch weniger fremd als andere. Doch je fremder eine Person ist, je dunkler die Hautfarbe und je unverständlicher ihr Verhalten, desto „suspekter" wird sie.

Die westlichen, europäisch geprägten Kulturen nehmen eine ganz spezielle Sichtweise gegenüber der so genannten Dritten Welt ein. Sie gehen davon aus, dass alle Welt auf die „Segnungen" ihrer Kultur wartet. Dass man diese jedoch ablehnen und sie als einseitig auf den materiellen Fortschritt ausgerichtet ansehen könnte, kommt ihnen nur selten in den Sinn. Was aber können wir tun, um der Diskriminierung des Fremden entgegenzuwirken?

Voraussetzung für eine wirklich veränderte Einstellung und für Verständnis ist zunächst einmal, sich der eigenen eingeschränkten Sichtweise bewusst zu werden und die eigene Voreingenommenheit zu erkennen. Das setzt eine Auseinandersetzung mit der eigenen Kultur ebenso voraus wie mit der fremden. Nicht erst heutzutage stellt man sich die Frage, wie man sich anderen Kulturen gegenüber verhalten soll: Ein antikes Zeugnis dafür, dass sich die Römer der Verantwortung, die sie für die von ihnen unterworfenen Völker trugen, wohl bewusst waren, ist ein Brief Ciceros an seinen Bruder Quintus. Auch in diesem zeigt sich, dass es „Fremde" und weniger „Fremde" gibt, dass man beiden aber gleichermaßen verpflichtet ist.

2. Informationen zu Geschichte, Autor und Werk

i 1

Marcus und Quintus Tullius Cicero

Moderne Postkarte mit dem Porträt und einem Zitat Ciceros. Der lateinische Originaltext lautet: „Qui autem civium rationem dicunt habendam, externorum negant, ii dirimunt communem humani generis societatem.“ Welchen modernen Begriff benutzen wir heute für die „Verbindung des Menschengeschlechts“?

Der berühmte römische Schriftsteller, Politiker und Philosoph Marcus Tullius Cicero (106-43 v. Chr.) hatte zu seinem vier Jahre jüngeren Bruder Quintus ein überaus enges und herzliches Verhältnis, das nur zeitweise in den Bürgerkriegswirren getrübt wurde. Quintus (102-43 v. Chr.) hatte zusammen mit Marcus in Athen studiert. Wie sein Bruder machte er politisch Karriere: Nach Bekleidung der Prätur war er in den Jahren 61-59 Statthalter in der Provinz *Asia*; dann war er Legat des Pompeius in Sardinien und von 54-51 Legat Caesars im Gallischen Krieg. Im Bürgerkrieg stand er auf Pompeius' Seite, nach der Schlacht von Pharsalos ging er zu Caesar über; nach dessen Tod wurde er – genau wie sein Bruder – im Jahr 43 v. Chr. auf Betreiben des Antonius auf die Proskriptionslisten gesetzt und ermordet.

i 2

Zur Technik des Briefeschreibens und zur Postbeförderung:
Cicero schrieb mit Tinte und Schreibrohr auf Papyrus. Nur bei Krankheit oder Zeitnot diktierte er den Brief. Dieser wurde zusammengerollt, außen mit der Adresse versehen, mit einem Bändchen zusammengebunden und versiegelt. Bisweilen hat Cicero das Konzept oder eine Abschrift aufbewahrt. Die Beförderung der Post übernahmen entweder eigene Sklaven, Freigelassene, von Adressaten gestellte Kuriere, Beauftragte wie Caesars Vertrauensmann Oppius oder Freunde und Bekannte. Der Aufbruch der Briefboten konnte sich verzögern, manchmal waren sie sehr lange unterwegs und bisweilen gingen Briefe auch verloren. Zudem war das Briefgeheimnis gefährdet. So warnt Cicero in seinem Brief *Ad Quintum fratrem* III 6, 2 vor zu brisanten Themen und gesteht selbst seine Vorsicht.

3. Hinführung zum Text

Johann Caspar Goethe, der Vater des Dichterfürsten, schrieb im Jahre 1765 an seine damals 15-jährige Tochter Cornelia: „Du bist über die Kinderjahre, du must also nicht nur zum Vergnügen, sondern zur Verbesserung deines Verstandes und deines Willens lesen [...] Ferner Epistole di Cicerone. Der Papa hat sie... Nur mercke bey Ciceros Briefen, du must sie aussuchen." Diesem Ratschlag von Goethes Vater soll hier Folge geleistet und das Interesse auf einen besonders wichtigen Ausschnitt aus den *Epistulae ad Quintum fratrem* (I 1, 27-30) gelenkt werden: Während Quintus als Statthalter in der Provinz *Asia* tätig war, richtete Cicero einen sehr ausführlichen Brief an ihn, abgefasst Ende 60/Anfang 59 v.Chr. In diesem Schreiben, das wohl schon von vornherein zur Publikation vorgesehen war, lobt Cicero seinen Bruder wegen dessen maßvoller und kluger Amtsführung, gibt ihm aber auch, da seine Amtszeit um ein Jahr verlängert worden war, wichtige Ratschläge in Bezug auf angemessenes Verhalten in einem fremden Land; in diesem Fall eben in der Provinz *Asia*, wo ein hoher Bevölkerungsanteil Griechen waren, zu denen die Römer aufgrund der überragenden griechischen Kulturleistungen in einem ganz besonderen Verhältnis standen.

Die römischen Mittelmeerprovinzen zur Zeit Caesars

4. Der lateinische Text

4.1 Ein Römer „Herrscher“ über Griechen

Quapropter incumbe toto animo et studio omni in eam rationem,
qua adhuc usus es,
ut eos,
quos tuae fidei potestatique senatus populusque Romanus commisit et credidit,
diligas et omni ratione tueare et esse quam beatissimos velis.
Quodsi te sors Afris aut Hispanis aut Gallis praefecisset,
immanibus ac barbaris nationibus,
tamen esset humanitatis tuae consulere eorum commodis et utilitati salutique servire.
Cum vero ei generi hominum praesimus,
non modo in quo ipsa sit,
sed etiam a quo ad alios pervenisse putetur humanitas,
certe eis etiam potissimum tribuere debemus,
a quibus accepimus.

(Cicero, *Ad Quintum fratrem* I 1, 27)

1. Welches Verhalten fremden Völkern gegenüber fordert Cicero von seinem Bruder? Womit begründet er dies? Nennen Sie die dafür einschlägigen Begriffe.
2. Inwiefern nehmen in seinen Augen die Griechen eine Sonderstellung unter den „fremden“ Völkern ein?
3. In welchem Teil des Imperium Romanum liegt der Verwaltungsbereich des Quintus Cicero? Stellen Sie dies mit Hilfe der Karte auf S. 79 fest. Was bedeutet das im Hinblick auf die auch schon in der Antike verbreitete Ansicht:
   Ex oriente lux?
   In welcher Aussage des Briefes deutet sich eine solche Vorstellung bereits an?

„Erkenne dich selbst!“, sollen die Sieben Weisen Griechenlands gesagt haben. Dieser Spruch stand über dem Eingang zum Apollo-Tempel in Delphi und ist auch der Titel der nebenstehenden Lithographie von M. C. Escher (1946).

---

incumbere (*incubui*) **in alqd:** sich etwas zuwenden, sich an etwas halten – **ratio, -onis** h.: Grundsatz – **adhuc** (Adv.): bisher – Ⓚ *ut* explicat. (nämlich dass) – **committere et credere:** Hendiadyoin **tueare** ~ *tuearis* – Ⓚ AcI: *<eos> esse quam beatissimos velis* – **quodsi:** wenn nun, wenn also – **praeficere alci rei:** an die Spitze stellen, die Leitung übertragen über etwas – **immanis, -e:** schrecklich, entsetzlich, wild (Gegenbegriff zu *humanus*) – Ⓚ *esset humanitatis tuae*: Gen. poss. in präd. Stellung („es ist Zeichen, Aufgabe von ...“) Ⓚ *humanitas* gemeinsames an den Schluss gestelltes Subjekt zu *in quo ... ipsa sit , ... a quo ... pervenisse putetur*; Ⓚ *<humanitas> pervenisse putetur*: NcI (man glaubt, dass ... gelangt sei) – **potissimum** (Adv.): besonders, vornehmlich – Ⓚ Erg. *<hanc> tribuere debemus*

4.2 Die Griechen – Roms Lehrmeister

Non enim me hoc dicere pudebit
praesertim in ea vita et in eis rebus gestis,
in quibus non potest residere inertiae et levitatis ulla suspicio,
nos ea,
quae consecuti sumus,
iis studiis et artibus esse adeptos,
quae sint nobis Graeciae monumentis disciplinisque tradita.
Quare praeter communem fidem,
quae omnibus debetur,
praeterea nos isti hominum generi praecipue debere videmur,
ut,
quorum praeceptis sumus eruditi,
apud eos ipsos,
quod ab eis didicerimus,
velimus expromere. (Cicero, *Ad Quintum fratrem* I 1, 28)

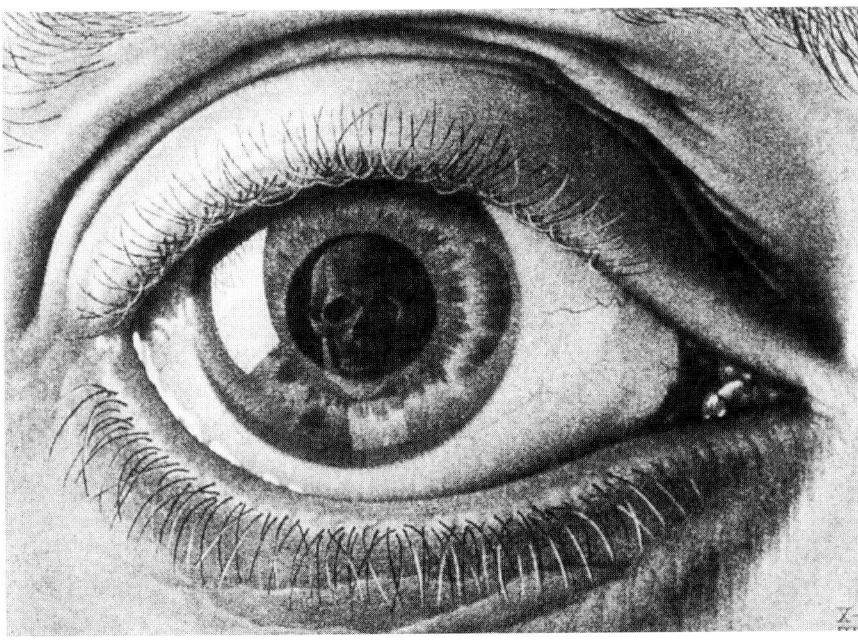

pudet me: es beschämt mich, ich schäme mich – **praesertim:** zumal – **residere:** sitzen bleiben, zurückbleiben – **inertia, -ae:** Untätigkeit, Trägheit – **levitas, -atis:** Leichtsinn, Leichtfertigkeit – **suspicio, -onis:** Verdacht

20 **consequi** (*consecutus sum*): erlangen, erreichen – **adipisci** (*adeptus sum*): erlangen, erreichen – **monumentum, -i:** Denkmal – **disciplina, -ae:** Zucht, Ordnung, Lehre

25 **praecipue** (Adv.): vornehmlich, in besonderem Maße – Ⓚ Ordne: *apud eos ipsos, quorum ...* – Ⓚ *quod ... didicerimus*: Obj. zu *expromere*

30 **expromere:** hervorholen, zeigen, beweisen

1. Stellen Sie die Begriffe und Wendungen zusammen, die anzeigen, dass Cicero in den Griechen Roms Lehrmeister sieht. In welchem Punkt und warum schränkt er diese Feststellung ein?
2. Welche Folgerung zieht er aus diesem allgemeinen Eingeständnis?
3. Im Streben nach Erkenntnis, das allen Wissenschaften zugrunde liegt, waren die Griechen das Vorbild schlechthin. In welchem Maße bestimmt es Ihrer Meinung nach den Inhalt des *humanitas*-Begriffes? Inwiefern ist Selbsterkenntnis Voraussetzung für eine verständnisvolle Begegnung mit Vertretern anderer Kulturen?

4.3 Platons Staatsideal

Atque ille quidem princeps ingenii et doctrinae, Plato,
tum denique fore beatas res publicas putavit,
si aut docti et sapientes homines eas regere coepissent,
aut ii,
qui regerent,
omne studium in doctrina et sapientia collocassent.
Hanc coniunctionem videlicet potestatis et sapientiae saluti censuit esse posse.
Quod fortasse aliquando universae rei publicae nostrae,
nunc quidem profecto isti provinciae contigit,
ut is in ea summam potestatem haberet,
cui in doctrina,
cui in virtute atque humanitate percipienda plurimum a pueritia
studii fuisset et temporis,
Quare cura,
ut hic annus,
qui ad laborem tuum accessit,
idem ad salutem Asiae prorogatus esse videatur.

(Cicero, *Ad Quintum fratrem* I 1, 29-30)

5. Vergleichstext: Platons Herrschaftsideal

In Zeile 31 ff. paraphrasiert Cicero eine berühmte Passage aus Platons staatsphilosophischem Hauptwerk *Politeia*. Der Originaltext lautet bei Platon:

---

fore ~ *futuras esse*
collocare alqd in alqa re: einsetzen etwas für etwas – **coniunctio, -onis** (*coniungere*): Verbindung – **videlicet:** natürlich, gewiss – Ⓚ *quod* ... Rel.-Satz ist Subj. zu *contigit*; Ⓚ Erg. im *quod*-Satz die entsprechende Form von *contingit*
aliquando: einmal (möglicherweise spielt Cicero hier auf sein eigenes Konsulat 63 v. Chr. an) – Ⓚ *ut*: explicat. (nämlich dass) – Ⓚ Erg. *percipienda* auch zu *in doctrina* – Ⓚ *plurimum ... studii et temporis*: Gen. part. – **percipere:** erfassen, aufnehmen – **a pueritia:** von Jugend an
accedere: hinzukommen – **idem** h.: präd. als dasselbe, ebenso – **prorogare:** verlängern

Platon (428-348 v.Chr.)

Ἐὰν μή, ἦν δ' ἐγώ, ἢ οἱ φιλόσοφοι βασιλεύσωσιν ἐν ταῖς πόλεσιν ἢ οἱ βασιλῆς τε νῦν λεγόμενοι καὶ δυνάσται φιλοσοφήσωσι γνησίως τε καὶ ἱκανῶς, καὶ τοῦτο εἰς ταὐτὸν ξυμπέσῃ, δύναμίς τε πολιτικὴ καὶ φιλοσοφία, τῶν δὲ νῦν πορευομένων χωρὶς ἐφ' ἑκάτερον αἱ πολλαὶ φύσεις ἐξ ἀνάγκης ἀποκλεισθῶσιν, οὐκ ἔστι κακῶν παῦλα, ὦ φίλε Γλαύκων, ταῖς πόλεσι, δοκῶ δ' οὐδὲ τῷ ἀνθρωπίνῳ γένει, οὐδὲ αὕτη ἡ πολιτεία μή ποτε πρότερον φυῇ τε εἰς τὸ δυνατὸν καὶ φῶς ἡλίου ἴδῃ, ἣν νῦν λόγῳ διεληλύθαμεν.

„Wenn nicht, sprach ich, entweder die Philosophen Könige werden in den Staaten, oder die jetzt so genannten Könige und Gewalthaber wahrhaft und gründlich philosophieren, und also dieses beides zusammenfällt, die Staatsgewalt und die Philosophie, die vielerlei Naturen aber, die jetzt zu jedem von beiden einzeln hinzunahen, durch eine Notwendigkeit ausgeschlossen werden, ehe gibt es keine Erholung von dem Übel für die Staaten, lieber Glaukon, und ich denke auch nicht für das menschliche Geschlecht, noch kann jemals zuvor diese Staatsverfassung nach Möglichkeit gedeihen und das Licht der Sonne sehen, die wir jetzt beschrieben haben."

(Platon, *Politeia* 473d)

1. In welcher Absicht zitiert Cicero die Platon-Stelle? Was ist deren Kerngedanke?
2. Inwiefern hält Cicero das darin ausgedrückte Ideal als für Rom und römisches Herrschaftsverhalten förderlich?
3. Wie verläuft demnach die Argumentationslinie innerhalb des Briefes?
4. Die Ideologie des Imperium Romanum unterscheidet grundsätzlich zwischen „Herren" und „Barbaren". Welches Problem ergibt sich daraus zwangsläufig für Cicero in seinem Verhältnis zu den „fremden" Griechen? Inwiefern ist Cicero hier sogar in einem Dilemma? Ist dieses für ihn lösbar? Ziehen Sie dazu auch die Aussage der auf der Postkarte (s. S. 78) zitierten Stelle aus *De officiis* heran.
5. Worin besteht der wesentliche Unterschied im völkerrechtlichen Verhalten zwischen Antike und Gegenwart?
6. Der augusteische Dichter Horaz (s. S. 86ff.) schreibt in einem seiner Briefe über die Begegnung der Römer mit den Griechen:
   Graecia capta ferum victorem cepit et artis / intulit agresti Latio. (*Epist.* 2, 1, 156-7)
   Welche Generalrichtung in der Kulturbegegnung beider Völker deutet diese Äußerung an? Welche Anklänge hieran finden Sie im Brief Ciceros?

6. Die Begegnung mit dem Fremden in Geschichte und Gegenwart

6.1 Bildbeispiel

Im Mittelalter herrschten die seltsamsten Vorstellungen von fremden Kulturen. Eine Miniatur aus dem *Livre des Merveilles* (1375) stellt die merkwürdigen Bewohner der fernen Länder des Ostens so dar:

6.2 Textbeispiel

In der mittelalterlichen Erzählung *Herzog Ernst*, die etwa im 11. Jh. von einem unbekannten Autor verfasst worden ist, muss sich Herzog Ernst in der Fremde bewähren. Auf seiner Reise trifft er auf wundersame Menschen, wie z.B. auf die „Platthufe“.

Platthufe wurden sie genannt / ... / Sie hatten sehr breite Füße, / die denen eines Schwanes glichen. / In Wäldern und Sümpfen / übten sie große Macht aus. Sie trugen keinerlei Schuhe. / Jedesmal wenn ein Unwetter kam, / legten sie sich auf die Erde / und hoben einen Fuß über sich. / Das war ein seltsamer Anblick! Wenn das Unwetter lange dauerte / und der eine Fuß müde wurde, / erhoben sie den zweiten Fuß. / Auf diese Weise waren sie beschirmt, / so dass ihnen niemals / ein Unwetter schaden konnte.

a

1. Warum hatten die Menschen im Mittelalter wohl so abstruse Vorstellungen von fremden Menschen?
2. Warum lacht man heutzutage über die beiden folgenden Karikaturen?

6.3 Aktuelle Lust am Fremden

Na, wo warn ma denn in Ferien ...? Zeichnung von Ernst Hürlimann

6.4 Ausländerfeindlichkeit

7. Kreative Auseinandersetzung

Friedrich von Schiller: Der Schlüssel

Willst du dich selber erkennen, so sieh, wie die andern es treiben.
Willst du die andern verstehen, Blick in dein eigenes Herz.

a

1. Inwiefern trifft die zweite Karikatur im Kern Ciceros Dilemma in seinem Verhältnis zu den Griechen?
2. Wie ist diese Maxime Schillers zu verstehen? Inwiefern ist sie gerade heute aktuell?
3. Erstellen Sie eine Bild- bzw. Bildtextcollage zum Thema „Fremde Kulturen".

8

Horaz

Die Fabel von Stadt- und Landmaus

Oder: Was mich eigentlich zufrieden macht
von Markus Kräutlein

Relief des Horaz um die Zeitwende, Boston, Museum of Fine Arts

1. Projektbegründung

Wie und wo findet man sein Glück? Diese Frage beschäftigt den Menschen seit jeher. Die Antworten darauf manifestieren sich in den Zeugnissen der Kunst und Literatur aller Zeiten. Die frühesten antiken Texte zeigen in der szenischen Gestaltung des Epos oder im besinnlichen Nachdenken der Lyrik, wie man sich solche Situationen des Glücks vorstellte. Die spätere philosophische Reflexion entwickelte systematisch ganz unterschiedliche Glückskonzepte, die von lustbetonter Lebenserfüllung bis hin zu asketischer Bedürfnislosigkeit reichten.

Dass wir es hier mit einer elementaren, die Kulturräume übergreifenden Frage zu tun haben, zeigt etwa der Vergleich eines kynischen Philosophen mit einem buddhistischen Mönch. Diogenes von Sinope wähnte sich glücklich und zufrieden mit dem Leben im Fass; der Bettelmönch in Indien gibt seinen Glückszustand demonstrativ zu erkennen, in dem er schon über zehn Jahre lang Tag und Nacht auf einem Bein stehend Zeit und Leben verbringt, von Almosen sein Dasein fristend.

Diogenes von Sinope in seinem Fass

Seit zwölf Jahren steht dieser indische Mann auf einem Bein.

Glück hängt mit Zufriedenheit zusammen. Aber was macht den Menschen zufrieden? Und wo findet er die von ihm erstrebte Zufriedenheit? Im Getriebe einer Großstadt wie Rom z.B., also im Rampenlicht der Öffentlichkeit, die Abwechslung und Luxus, auch Ruhm und Anerkennung verspricht, aber nicht ohne Hektik und die Gefahr der Selbstentfremdung ist? Oder auf dem Lande, wo man zurückgezogen, einfach, im intimen Kreis von Freunden leben kann, aber den Glanz der *high society*, das Erlebnis von Erfolg und Bekanntheit vermissen muss?

Die Frage nach dem Glück und die Dialektik möglicher Lösungen sind zeitlos, heute genauso aktuell wie in der Antike. Die Literatur bezeugt das. Horaz z.B. hat das Problem kunstvoll in einer Satire verarbeitet, in der er der berühmten Fabel von Stadt- und Landmaus eine tragende Rolle zugewiesen hat.

2. Informationen zu Autor und Werk

Was darf die Satire?

Kurt Tucholsky (1890-1935) war einer der bedeutendsten Journalisten, Publizisten und Satiriker der Weimarer Zeit. 1935 musste er vor den von ihm heftig attackierten Nazis nach Schweden fliehen, wo er Selbstmord beging. In dem folgenden Textausschnitt beschreibt Tucholsky das Wesen der Satire.

Kurt Tucholsky, um 1930. Erich Kästner schrieb ebenso respektvoll wie liebevoll über den Satiriker Tucholsky: „Ein kleiner dicker Berliner wollte mit der Schreibmaschine eine Katastrophe aufhalten."

„Wenn einer bei uns einen guten politischen Witz macht, dann sitzt halb Deutschland auf dem Sofa und nimmt übel. Satire scheint eine durchaus negative Sache. Sie sagt: ‚Nein!' [...]
Satire ist eine durchaus positive Sache. Nirgends verrät sich der Charakterlose schneller als hier, nirgends zeigt sich fixer, was ein gewissenloser Hanswurst ist, einer, der heute den angreift und morgen den.
Der Satiriker ist ein gekränkter Idealist: er will die Welt gut haben, sie ist schlecht, und nun rennt er gegen das Schlechte an. [...]
Es ist jedem unbenommen, einen Angriff für ungerechtfertigt und einen anderen für übertrieben zu halten, aber die Berechtigung eines ehrlichen Mannes, die Zeit zu peitschen, darf nicht mit dicken Worten zunichte gemacht werden. Übertreibt die Satire? Die Satire muss übertreiben und ist ihrem tiefsten Wesen nach ungerecht. Sie bläst die Wahrheit auf, damit sie deutlicher wird, und sie kann gar nicht anders arbeiten als nach dem Bibelwort: Es leiden die Gerechten und die Ungerechten. [...]
Wir sollten nicht so kleinlich sein. Wir alle – Volksschullehrer und Kaufleute und Professoren und Redakteure und Musiker und Ärzte und Beamte und Frauen und Volksbeauftragte – wir alle haben Fehler und komische Seiten und kleine und große Schwächen. Und wir müssen nun nicht immer gleich aufbegehren ..., wenn einer wirklich einmal einen guten Witz über uns reißt. Boshaft kann er sein, aber ehrlich soll er sein. [...] Die echte Satire ist blutreinigend: und wer gesundes Blut hat, der hat auch einen reinen Teint. Was darf die Satire? Alles."

Achten Sie bei der Lektüre des lateinischen Textes darauf, welche satirischen Elemente bereits in Horaz' Satire von der Stadt- und Landmaus auftreten.

2 Die Fabel

Die Fabel zielt auf Belehrung; indem sie eine erfundene Geschichte – oft in Versen – schildert, will sie eine Einsicht vermitteln und menschliches Verhalten berichtigen. Träger der Handlung sind in der Regel Tiere, die bestimmte menschliche Typen vertreten und sich entsprechend verhalten. Im dargestellten Geschehen spiegeln sich falsches Handeln und dessen Folgen, so dass sich der Leser (oder Hörer) davon abgeschreckt fühlt.
Die Fabel zeigt einen klaren Aufbau: entweder Vorspruch (Promythion) und Erzählteil (*narratio*) oder Erzählteil (*narratio*) und Nachspruch (Epimythion). Im Erzählteil begegnen die Elemente der Erzählung (meist im dramatischen Präsens) und des Gesprächs (bei schneller Abfolge von Rede und Gegenrede).

3 Horaz

Quintus Horatius Flaccus (65-8 v. Chr.), mit Vergil und Ovid wohl der bedeutendste Dichter der augusteischen Zeit, war der Sohn eines Freigelassenen, also von geringem gesellschaftlichen Rang. Trotzdem ermöglichte ihm sein Vater Studien in Rom und Athen, wo ihn die Begegnung mit Literatur, Kunst und Philosophie nachhaltig prägte. Nachdem Horaz infolge des Bürgerkrieges seinen Besitz verloren hatte, fristete er sein Dasein zunächst als Schreiber im Staatsdienst. In erster Linie aber widmete er sich seiner Dichtung: Neben einer großen Zahl von Gedichten und literarischen Briefe hat er auch zwei Bücher mit Satiren in Versform veröffentlicht. (Horaz nennt sie *Sermones* – „Gespräche"). Die Satire war übrigens die einzige literarische Gattung, die die Römer nicht von den Griechen übernommen hatten, sondern die sie als ureigene Erfindung betrachteten: *Satura tota nostra est*, so der römische Rhetoriklehrer und Literaturtheoretiker Quintilian.

4 Rom – Ort der Karriere

Wer im römischen Herrschaftsgebiet etwas auf sich hielt und wollte, dass aus seinem Jungen einmal etwas wird, schickte ihn zum Studium nach Rom. Hier tobte das Leben, hier war das Zentrum der Welt; hier wurden die wichtigen Prozes-

Rom zur Kaiserzeit (hier ein Rekonstruktionsmodell): Zentrum der Macht und des politischen Aufstiegs se ausgefochten, hier saß die Regierung; einflussreiche Leute traf man hier an, wenn sie nicht gerade, mit militärischen oder diplomatischen Missionen betraut, das Imperium Romanum bereisten. Cicero klagte heftig, als er zu Beginn der 50-er Jahre des 1. Jh.s v.Chr. aus „*der* Stadt" (*urbs*) – so nannte man Rom und jeder wusste, welche Stadt gemeint war – verbannt wurde, nicht zuletzt weil er das politische Treiben und das Hauptstadtleben vermisste. Ebenso erging es dem Dichter Ovid, der ganze Bücher mit Trauergedichten verfasste, weil er auf Lebenszeit aus *der* Stadt ans Ende der Welt verbannt war.

Voller Stolz berichtet Horaz, wie gesagt Sohn eines Freigelassenen vom Lande, über den Willen und den Mut seines Vaters, seinem Sohn alle Möglichkeiten einer großen Karriere zu eröffnen: „Nein, er hat es gewagt, den Sohn nach Rom zum Unterricht zu senden; die Fächer sollte ich lernen, die jeder Ritter und Senator die eigenen Kinder lernen lässt." (*Sat.* I 6, 76-78). Und der gewünschte Erfolg stellte sich ein: „Rom, so wollte es mein Glück, ließ mich wachsen und lernen."

(*Epist.* II 2, 41)

Neben der großen Politik war Rom seit Caesar auch eine architektonische Perle geworden. Durch die Unterwerfung fremder Völker flossen immer größere Reichtümer aus den Provinzen nach Rom. Es gab Luxus und Prunk auf allen Gebieten. Für Kleidung, Wertgegenstände aller Art, Gelage und die Ausrichtung von Theaterspielen und Gladiatorenkämpfen gab man Unsummen aus und verschuldete sich dementsprechend.

Viele der „Superreichen" investierten allerdings auch in die Kunst, wie z.B. Gaius Cilnius Maecenas, ein politisch einflussreicher Mann aus altem etruskischen Adel, Vertrauter des Augustus und Förderer von jungen Dichtern wie Horaz, Vergil und Properz, die er um sich scharte, materiell sicherstellte und deren literarische Tätigkeit er anregend beeinflusste. Von seinem Namen ist das deutsche Wort „Mäzen" abgeleitet.

Maecenas, Relief von der Ara Pacis, 9 v.Chr.

3. Hinführung zum Text

Nachdem sich Horaz einen Namen als Dichter gemacht hatte, nahm ihn Maecenas im Jahr 38 v. Chr. in seinen Freundes- und Förderkreis auf. Von Maecenas bekam Horaz ein kleines Landgut mit einer Villa im Sabinerland nördlich von Rom geschenkt. Am Anfang seiner Satire II 6 schreibt Horaz über dieses Landgut:

„Das war so meiner Sehnsucht Wunsch: ein Ackergut auf nicht zu großem Raume, dazu ein Garten und dem Haus benachbart ein frisch rinnender Quell und oben am Bergeshang ein Fleckchen Wald. Reicher und schöner ist, was die Götter mir bescherten. Mein Herz ist zufrieden. Nichts weiter erbitte ich, Sohn der Maja, als dass du diese Gaben mir recht zu eigen machen wolltest. [...] In meine Gebete stiehlt sich kein törichter Wunsch, wie dieser: 'Ach wäre doch das nächste Eckchen dort mein, das jetzt dem kleinen Gut zur Abrundung noch fehlt! Ach, wollte ein Glücksfall mir eine Truhe mit Geld zeigen, wie jenem Feldarbeiter, der den Schatz fand ...' Du weißt, mit Dank und Freude schätze ich, was ich habe [...]"

(Horaz, *Sat.* II 6,1-13)

Die Bandusiaquelle bei der Horazvilla in den Sabiner Bergen

Im Folgenden schildert Horaz, was einen bekannten Dichter und Mann der Gesellschaft in Rom normalerweise erwartet: Rechtsstreitigkeiten, in denen er für andere eintreten soll, Neid auf seine Stellung als ein vom reichen Maecenas unterstützter Dichter, Empfehlungsschreiben, um die er fortwährend gebeten wird, Lärm, Gedränge und Rücksichtslosigkeit auf den Straßen der hektischen Großstadt, allerorts belangloses Gerede und das Brodeln der Gerüchteküche.
Kein Wunder, dass in solcher Geschäftigkeit sein Landgut ihm Ruhe und Ausgleich verschaffen kann. Dorthin zieht es ihn stets, wenn er sich von seinen Verpflichtungen in Rom freimachen kann. Zwanglos, einfach und heiter ist das Leben dort auf dem Lande. Bei den abendlichen Mahlzeiten und Trinkgelagen mit Freunden werden Gespräche geführt, die nützlichere und wichtigere Dinge zum Inhalt haben als den Klatsch der Großstadt:

„So entspinnt sich denn die Unterhaltung, nicht über Landhäuser und Stadtpaläste andrer Leute, auch nicht über Herrn Lepos' Erfolge und Misserfolge im Ballett; nein, wir besprechen, was uns näher angeht, was wir, um nicht Schaden zu nehmen, verstehen müssen: ob Reichtum, ob Tugend das Menschenglück begründet, ob wir Freundschaft nur aus Vorteil schließen oder uns sittlich zu fördern; dazu die Frage nach dem Wesen des Guten und dem höchsten Gut."

(*Sat.* II 6, 71-76)

a Wie würden Sie die innere Verfassung des Horaz charakterisieren?

4. Der lateinische Text

Bei einer dieser Gesprächsrunden, so berichtet Horaz, habe der Nachbar Cervius, zu diesen Fragen ein *statement* beigesteuert, das er in eine Tiergeschichte kleidete.

4.1 Ländliche Gastfreundschaft

[...] „Olim
rusticus urbanum murem mus pauper fertur
accepisse cavo, veterem vetus hospes amicum,
asper et attentus quaesitis, ut tamen artum
solveret hospitiis animum. Quid multa? Neque ille
sepositi ciceris nec longae invidit avenae,
aridum et ore ferens acinum semesaque lardi
frusta dedit, cupiens varia fastidia cena
vincere tangentis male singula dente superbo,
cum pater ipse domus palea porrectus in horna
esset ador loliumque, dapis meliora relinquens.

(*Sat.* II 6, 80-89)

Schülerzeichnung von Bernd Färber

---

rusticus (*rus*): ländlich, Land- – **urbanus** (*urbs*): städtisch, Stadt- – **mus, muris:** Maus – Ⓚ *mus ... fertur* (~ *dicitur*) *accepisse*: NcI – **accipere alqa re:** aufnehmen in etwas – **cavus, -i:** Höhle – **hospes, -itis:** Gast, Gastfreund – Ⓚ *asper et attentus*: appositionelle Bestimmung – **asper:** rau, hart (gegen sich selbst) – **attentus alci rei:** sparsam mit etwas – **quaesita:** das Erworbene, Gesuchte – **artum animum solvere alci rei:** sein enges Herz lösen, seine Knausrigkeit lockern für etwas

hospitium, -i: Gastfreundschaft – **invidere alci rei:** missgönnen, vorenthalten etwas – **seponere:** aufbewahren, beiseite legen – **cicer, -ris:** Kichererbse – **avena, -ae:** Hafer – **aridus:** trocken, getrocknet – **acinum, -i:** Rosine – **semesus** (*semi; edere*): halb verzehrt – **lardum, -i:** Speck – **frustum, -i:** Brocken, Bissen – Ⓚ Ordne: *cupiens vincere varia cena fastidia* <*alterius*> *male tangentis singula dente superbo* – **fastidium, -i:** Abscheu, Ekel, heikle Zurückhaltung – **male** (Adv.): schlecht, kaum – **singula:** die einzelnen Speisenangebote

porrigere (*porrexi, porrectum*) h.: ausstrecken, hinlegen – **palea, -ae:** Spreu – **hornus:** diesjährig, heurig – **esset** zu *edere*: essen – **ador, -oris:** Spelt, Dinkel – **lolium, -i:** Lolch (Weidegras) – **daps, dapis:** Speise

1. Wer ist der Träger der Haupthandlung in diesem Abschnitt? Woran wird dies erkennbar?
2. Mit welchen Begriffen wird die Lebenswelt der Landmaus beschrieben?
3. Welche Eigenschaften sind der Landmaus zugeschrieben?
4. Was beabsichtigt der Dichter durch diese scharfe Herausstellung von Verhalten und Umwelt der Landmaus?

4.2 Einladung in die Stadt

Tandem urbanus ad hunc „Quid te iuvat“, inquit, „amice,
praerupti nemoris patientem vivere dorso?
Vis tu homines urbemque feris praeponere silvis?
Carpe viam, mihi crede, comes, terrestria quando
mortales animos vivunt sortita neque ulla est
aut magno aut parvo leti fuga – quo, bone, circa,
dum licet, in rebus secundis vive beatus,
vive memor, quam sis aevi brevis!“ Haec ubi dicta
agrestem pepulere, domo levis exsilit: inde
ambo praepositum peragunt iter, urbis aventes
moenia nocturni subrepere. Iamque tenebat
nox medium caeli spatium, cum ponit uterque
in locuplete domo vestigia, rubro ubi cocco
tincta super lectos canderet vestis eburnos
multaque de magna superessent fercula cena,
quae procul exstructis inerant hesterna canistris.

(*Sat.* II 6, 90-105)

Schülerzeichnung von Bernd Färber

1. Wie sieht die Stadtmaus das Leben und das Umfeld der Landmaus?
2. Welches Argument bringt die Stadtmaus für ihren Vorschlag vor?
3. Wie wirkt es, wenn Horaz die selten vorkommenden Wörter *terrestre* (für *animal*) und *letum* (für *mors*) der Stadtmaus in den Mund legt?
4. Was versteht die Stadtmaus unter *beatum vivere*?
5. Welche Textstellen haben die abgedruckten Schülerzeichnungen inspiriert?

---

dorsum nemoris praerupti: Kamm eines steilen Waldgebirges – Ⓚ *patientem vivere*: Inf. mit prädik. Akk. abh. von *iuvat* – **praeponere:** vorziehen
15 **terrestris, -e** (*terra*): irdisch – **quando:** weil, da – Ⓚ Ordne: *terrestria* (Subj.) *mortales animos sortita* (PC) *vivunt* – **sortiri** (*sortitus sum*): durch Los erlangen, erlosen – **letum, -i:** Tod, Todesschicksal – **quo circa:** deshalb – **aevum, -i:** Leben(-szeit) – Ⓚ *aevi brevis*: Gen. qual.
20 **agrestis, -e** (*ager*): ländlich, Land- – **pepulere** - *pepulerunt* – **levis, -e:** leichten Herzens, unbekümmert – **exsilire:** hinausspringen – **praeponere** h.: vornehmen, planen – **iter peragere:** einen Weg einschlagen – **avere alcs rei:** begehren etwas – **nocturnus** (*nox*): nächtlich; Ⓚ *nocturni*: prädik. – **subrepere alqd:** einschleichen in etwas – **vestigia ponere:** den Fuß setzen – **locuples, -tis:** reich, begütert – **rubro cocco tincta vestis** h.: scharlachrote Decke
25 **super** (Präp. m. Akk.): über ... hin – **lectus, -i:** Bett – **candere:** leuchten, glänzen – **eburnus:** elfenbeinern – **superesse:** übrig sein – **ferculum, -i:** Gang, Speise, Gericht – **hesternus** (*heri*): von gestern übrig, gestrig – **canistra, -orum:** Rohrkörbchen

4.3 Der Schock

Ergo ubi purpurea porrectum in veste locavit
agrestem, veluti succinctus cursitat hospes
continuatque dapes nec non verniliter ipse
fungitur officiis, praelambens omne, quod affert.
Ille cubans gaudet mutata sorte bonisque
rebus agit laetum convivam, cum subito ingens
valvarum strepitus lectis excussit utrumque.
Currere per totum pavidi conclave, magisque
exanimes trepidare, simul domus alta Molossis
personuit canibus. Tum rusticus: „Haud mihi vita
est opus hac“, ait et „Valeas! Me silva cavusque
tutus ab insidiis tenui solabitur ervo.“

(*Sat.* II 6, 106-117)

Schülerzeichnung von Bernd Färber

1. Mit welchen Wörtern und Begriffen beschreibt der Dichter das Umfeld der Stadtmaus? Was möchte er daran herausstellen?
2. Mit welchen sprachlichen und stilistischen Mitteln wird der plötzliche Wechsel der Szene gekennzeichnet?
3. Welches unterschiedliche Verhalten zeigen Land- und Stadtmaus jeweils in ihrem Zuhause?
4. Worauf möchte der Autor durch den Kontrast der beiden „Mäusewelten“ aufmerksam machen?

Aufgabenstellungen zur Gesamtinterpretation

1. Überlegen Sie – vor dem Hintergrund der persönlichen Lebenslage des Dichters und seiner Aussage in *Sat.* II 6 –, was Horaz veranlasst haben könnte, eine solche Tiergeschichte zu schreiben?
2. Welche Wertung über das Verhalten der beiden Mäuse ist zwischen den Zeilen zu lesen?
3. Fertigen Sie eine Collage an, in der Sie die Vorzüge und Nachteile von Stadt- und Landleben einander gegenüberstellen (vgl. S. 98 f.).

---

purpureus: purpurfarben – **vestis, -is** h.: Decke – **locare** h.: hinlegen lassen, Platz nehmen lassen – **veluti:** gleichsam – **succinctus:** mit hochgeschobener Tunica, hochgeschürzt – **cursitare** (Verb. intens. zu *currere*): geschäftig hin und her laufen – **hospes, -itis** h.: Gastgeberin **continuare:** (fortgesetzt) aneinander reihen – **nec non verniliter:** und durchaus in dienerischer Weise, wie eine Dienerin – **praelambere:** vorher daran lecken – **cubare:** da liegen – **agere convivam:** einen Gast spielen, die Rolle des Gastes übernehmen – **valvarum strepitus:** das Knarren einer (zweiflügligen) Tür – **excutere:** herausschlagen, aufscheuchen Ⓚ *currere / trepidare*: hist. Infinitive – Ⓚ *pavidi / exanimes*: prädik. gebraucht – **pavidus:** ängstlich – **conclave, -is:** Raum, Zimmer – **exanimis, -e:** entseelt, atemlos – **trepidare:** zittern, aufgeregt herumlaufen – **Molossi canes:** Molosser-Hunde (Hunderasse aus Westgriechenland, etwa einer Dogge entsprechend) – **personare:** erdröhnen, widerhallen – **rusticus** (< *rus*): ländlich, Land-; erg. *mus* – **mihi opus est alqa re:** mir ist etwas nötig, ich brauche etwas – **tenue ervum:** einfaches Wildgetreide – **solari:** trösten

5. Vergleichstexte

5.1 Romulus: Mus urbanus et rusticus

Der antike Fabeldichter Phaedrus hat sich auch mit der Geschichte von der Land- und Stadtmaus befasst. Leider ist sein Original verloren gegangen. Eine mittelalterliche Überlieferung, die man als „Fabeln des Romulus“ bezeichnet, hat allerdings eine Zusammenfassung davon in Prosa erhalten:

„Eine Stadtmaus machte eine Reise und wird von einer Landmaus eingeladen und gastlich aufgenommen; in ihrer kleinen Hütte schaffte die Landmaus Eicheln und Gerste herbei. Als sich die Stadtmaus dann auf den Rückweg machte, bat sie die Landmaus, auch selbst mit ihr in der Stadt zu schmausen.

Stadtmaus und Landmaus.
Illustration von J. Carter, 1981

Und es wurde, während sie zusammen gingen, abgemacht, dass sie ein ehrbares Haus aufsuchen wollten, in dem es eine Kammer gab, die mit allen Leckerbissen gefüllt war. Während die eine Maus dies der anderen zeigte, sagte sie Folgendes: „Du wirst, mein Freund, mit mir genießen, was Tag für Tag für uns übrig bleibt.“

Und während sie an vielen Speisen knabberten, kam eilends der Kellermeister und stieß die Tür der Kammer auf. Die Mäuse, durch das Knarren erschreckt, versuchten in verschiedene Richtungen davon zu laufen. Die Stadtmaus verbarg sich schnell in einem vertrauten Schlupfwinkel; doch jene arme Feldmaus floh über die Wände hin, kannte sich nicht aus, meinte, sie sei dem Tode nah.

Sobald jedoch der Kellermeister hinaus gegangen war und als die Kellertür wieder geschlossen war, sagte die Stadtmaus zur Landmaus Folgendes: ‘Was hast du dich denn so aufgeregt auf der Flucht? Lass uns, mein Freund, diese Leckerbissen genießen! Vor nichts sollst du dich fürchten, vor nichts Angst haben!’

Dagegen sagte die Landmaus Folgendes: ‘Du wirst dies alles hier genießen, da du dich nicht fürchtest und dich die tägliche Panik nicht schreckt. Ich aber will die Freuden auf dem Lande genießen, wo ich von der Frucht des Feldes lebe, bei allem fröhlich, wo keine Furcht mich schreckt, keine Panik des Körpers. Doch du lebst in Unruhe, für dich gibt es keinen Überdruss an dem Gebotenen. Doch wirst du von einer aufgespannten Mausefalle gefangen und gefangen vom Kater gefressen.’“

Das Epimythion dieser Fabel formuliert Romulus folgendermaßen:

Haec fabula illos increpat, qui se iungant melioribus, ut fruantur aliquo bono, quod ipsis a natura datum non est. Diligant frugalem vitam homines et securi erunt in sua casella.

(Romulus I 12)

1. Welches sind die hauptsächlichen Unterschiede zwischen dieser Fabel des Romulus und der Tiergeschichte bei Horaz?
2. Was will die Fabel, so wie sie Romulus versteht, den Lesern vermitteln?
3. Ist die Geschichte von der Stadt- und Landmaus bei Horaz eine Fabel? Was spricht dafür, was dagegen? Begründen Sie Ihr Urteil.

5.2 Jean de La Fontaine

Die Stadtmaus lud zum Feste
Die Landmaus höflich ein,
denn Ortolanenreste
hatt' sie so gut und fein.

Auf türkisch fein gewebtem
Teppich stand das Mahl bereit,
und die beiden lebten
lustig und in Herrlichkeit.
Man genoss in vollen Zügen,
köstlich mundete der Schmaus.
Plötzlich, mitten im Vergnügen,
wurden sie gestört – o Graus!
Klang es nicht, als ob was krachte?
Wie die Stadtmaus da in Hast
Gleich sich aus dem Staube machte!
Schleunigst folgte ihr der Gast,
Blinder Lärm nur war's. Es wandern
Beide wieder in den Saal,
und die Stadtmaus spricht zur andern:
„Setzen wir jetzt fort das Mahl!"
„Danke sehr!" spricht jene. „Morgen
komm zu mir aufs Land hinaus.
Kann dir freilich nicht besorgen
Dort so königlichen Schmaus.
Einfach nur, doch unbeneidet,
meiner Sicherheit bewusst,
speis' ich und verzicht' auf Lust,
die durch Furcht mir wird verleidet!"

(*Fable* 1,9; 1668)

---

increpare: tadeln – **frugalis, -e:** wirtschaftlich, einfach – **securus:** sicher, sorglos – **casella, -ae:** (Bauern-)Hütte

5.3 Kurt Tucholsky: Frage

Es laufen vor Premieren / Gerüchte durch die Stadt: / Nun kommt, was man in Sphären / noch nicht gesehen hat. / Doch hat der Rummel sich gelegt / – so aufgeregt, so aufgeregt –, / dann frag ich still, so leis ich kann: / „Und dazu ziehn Sie'n Smoking an –?" / Es steigen große Bälle, / und die Plakate schrein. / Man muss auf alle Fälle / da reingetreten sein. / Der Sekt ist warm, die Garderoben kalt. / „Ich glaube, Lo, nun gehen wir bald ..." / Zu Hause sehn sich alle an: / „Und dazu ziehn wir'n Smoking an –?" / Es prangt in den Journalen / das Bildnis einer Frau. / Schön ist sie angemalen, / hellrosa, beige und blau. / Dir glückt's ... ihr Widerstand erschlafft ... / Na, fabelhaft! Na, fabelhaft? / Grau ist der Morgen, welk der Strauß ... / Und dazu zieh ich'n Smoking aus –? / Willst du nach oben schweben, / fällst du auf den Popo. / Und überhaupt das Leben, / es ist gemeinhin so: / Erst viel Geschrei und mächtiger Zimt. / Sieh nur, wie alles Karten nimmt! / Aber mehrstenteils, o Smokingmann: / Zieh ihn gar nicht erst an! Zieh ihn gar nicht erst an –!"

(Aus: Kurt Tucholsky: *Panter, Tiger & Co*, Hamburg 1983)

5.4 Franz Kafka: Die Maus

„Ach", sagte die Maus, „die Welt wird enger mit jedem Tag. Zuerst war sie so breit, dass ich Angst hatte, ich lief weiter und war glücklich, dass ich endlich rechts und links in der Ferne Mauern sah, aber diese langen Mauern eilen so schnell aufeinander zu, dass ich schon im letzten Zimmer bin, und dort im Winkel steht die Falle, in die ich laufe." – „Du musst nur die Laufrichtung ändern", sagte die Katze und fraß sie.

Franz Kafka als Student, um 1905. Kafka (1883-1924), einer Kaufmannsfamilie entstammend, wurde von der „magischen Realität" Prags geprägt. In seinen Romanen und Erzählungen entwarf er das Bild des an der Existenz verzweifelnden Menschen der Neuzeit.

a

1. Arbeiten Sie Übereinstimmungen und Unterschiede zwischen La Fontaine und Horaz heraus.
2. Zwischen der Horaz-Fabel und Tucholskys Gedicht „Frage" besteht eine deutliche Parallele der Aussage. Allerdings wird diese Ebene der Gemeinsamkeit nur indirekt fassbar. Versuchen Sie, diese zu fassen und zu beschreiben.
3. Die „Maus" ist für Horaz und Kafka die bildhafte Verdeutlichung für ein bestimmtes Phänomen. Welches Phänomen ist gemeint? Stellen Sie das „gemeinsame Dritte" beim Vergleich der beiden Texte heraus.

Stadt oder Land? Collage von Markus Kräutlein

a Wie würden Sie den Unterschied zwischen den beiden Lebensbereichen ins Bild bringen?

EIN PHILOSOPH ALS STAATSFÜHRER?

Oder: Warum die Menschen der Gemeinschaft bedürfen

von Friedrich Maier

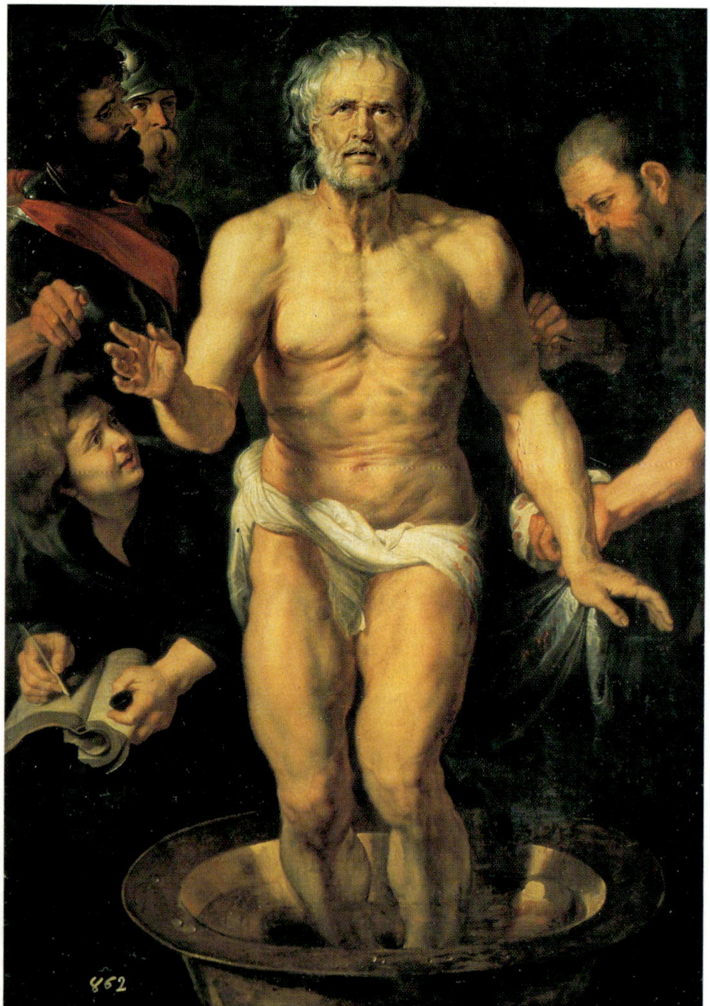

Peter Paul Rubens, Der sterbende Seneca, 17. Jh., Madrid, Prado

1. Projektbegründung

Sehr früh haben sich die Menschen darüber Gedanken gemacht, ob, warum und wie sie in Gemeinschaft leben sollen. Die Griechen nannten diese Gemeinschaft *pólis* („Bürgerschaft“) und die Menschen, die darin leben, *polítai* („Bürger“). Die Begriffe „politisch“, „Politik“ haben hier ihren Ursprung.
Die Erkenntnis, dass eine politische Gemeinschaft, soll sie Bestand haben, nicht ohne führende Kraft sein kann, ist gleichfalls uralt. Am Anfang waren es Stammesführer, Monarchen, Könige, also Männer, die durch bestimmte Vorzüge herausragten, wie z.B. durch Herkunft, Reichtum, Klugheit, physische Kraft. Doch diese können auch zu Tyrannen oder Despoten werden – zum Unglück der Gemeinschaft.
Unter welcher Führung ist das Glück eines Staates am ehesten gewährleistet? In Griechenlands Metropole Athen setzte sich im 5. Jh. v. Chr. eine Zeit lang die Überzeugung durch, dass das Volk selber – unter dem Schutz der Göttin Athene auf der Akropolis – sein bester Führer sei, der Garant für Ordnung und funktionierende Verwaltung. Man nannte diese Staatsform *demokratía*, Herrschaft des Volkes. Doch auch sie war dem Risiko Mensch ausgesetzt; sie versagte, indem sie sich in eine „Pöbelherrschaft“ verwandelte.

Leo von Klenze, Die Akropolis von Athen, 19. Jh., München, Neue Pinakothek

Der athenische Philosoph Platon (428-348 v. Chr.) stellte die Demokratie wegen ihres Übermaßes an Freiheit nahezu auf die unterste Stufe möglicher Staatsformen. Sein Ideal war das „Philosophen-Königtum“ (s. S. 82f.).
Dieses ideale Konzept hat sich in der Menschheitsgeschichte zwar niemals verwirklicht; aber philosophisch gebildete Staatsführer hat es immer gegeben. Welche Qualitäten sollte ein tüchtiger Staatsmann haben? Inwiefern hängt dies von der Staatsform ab, die er vertritt? Wer sollte sich um die Führung in der Gemeinschaft bewerben? Die politische Geschichte und die Geschichte der Staatstheorie geben darauf vielfältige Antworten.

2. Informationen zu Geschichte, Autor und Werk

Seneca – Staatsmann und Philosoph

Das Leben des Philosophen Lucius Annaeus Seneca (4 v. Chr.-65 n. Chr.) fällt in die römische Kaiserzeit. Augustus hatte nach Caesars Ermordung in einem langen Bürgerkrieg den Prinzipat als neue Staatsform begründet. Die alte Republik (*res publica libera*) war der Monarchie gewichen. Der Staatsführer hieß *Princeps* („der erste Mann"), er trug nach dem vergöttlichten Caesar den Titel *Caesar* („Kaiser").

Unter Kaiser Nero kam der stoische Philosoph Seneca zu hohen Würden; er wurde auf Wunsch von Neros Mutter Agrippina Erzieher des jungen Regenten und konnte während seiner ersten Regierungsjahre die Politik stark beeinflussen. Zusammen mit dem Gardepräfekten Burrus lenkte er de facto das römische Weltreich mit fast unumschränkter Macht. Platons Ideal vom Philosophen-Königtum war hier ansatzweise für kurze Zeit verwirklicht.

Doch je älter Nero wurde, umso mehr nahm er die Züge eines Despoten an. Seneca verlor zusehends an Einfluss und zog sich schließlich ganz vom politischen Leben zurück. Er widmete sich fast nur noch seiner philosophischen Schriftstellerei. Als man ihn 65 n. Chr. der Teilnahme an einer Verschwörung gegen Nero verdächtigte, musste er auf Weisung des Kaisers Selbstmord begehen. Philosophie und Politik passten nicht mehr zusammen.

Von Senecas Werken sind die bekanntesten die „Dialoge" (z.B. *De ira* oder *De clementia*) und die „Briefe" (*Epistulae morales ad Lucilium*), die zum Zweck philosophischer Unterweisung an einen jüngeren Briefpartner mit Namen Lucilius gerichtet sind.

Seneca, Büste aus dem 3. Jh. n. Chr., Berlin, Staatliche Antikensammlung

Der Stoiker und der Staat

Die stoische Philosophie vertritt die Auffassung, dass der Mensch zur Gemeinschaft geboren sei (*natura nos... sociabiles fecit*, *Epist.* 95, 52) und deshalb gerade der geistig Herausragende (*sapiens*) zur aktiven Teilnahme am politischen Leben berufen sei. Doch in einem autoritären Staat ist für den Stoiker der Rückzug in das *otium* nötig; er lebt dann nicht außerhalb des Staates, er hat sich vielmehr einer größeren *res publica* geöffnet, nämlich der ganzen Welt (*mundus* – Kosmos). Als Kosmopolit – der *vita activa* fern und der *vita contemplativa* hingegeben – wendet er sich seinen philosophischen Betrachtungen über den Menschen und die Welt zu.

3. Hinführung zum Text

Die „Briefe an Lucilius“ schrieb Seneca nach seinem Rückzug aus der Politik. Sie sind, was sein Verhältnis zum Staat und zur römischen Gesellschaft anbelangt, nicht ohne resignativen Unterton: Er hatte erfahren müssen, dass freiheitliches Denken in unmittelbarer Nähe des Kaiserhauses nicht geduldet wurde. Ein autoritär geführter Staat und die Freiheit des Denkens – wie passen sie zusammen? Wie soll sich ein Philosoph im Staat verhalten? Im so genannten „Staatsbrief“ (*Epist.* 73) versucht Seneca, darauf Antwort zu finden.

4. Der lateinische Text

4.1 Der Philosoph und die Politik

SENECA LUCILIO SUO SALUTEM

Errare mihi videntur,
qui existimant philosophiae fideliter deditos contumaces esse ac refractarios,
contemptores magistratuum aut regum eorumque,
per quos publica administrantur.
Ex contrario enim nulli adversus illos gratiores sunt; nec immerito:
nullis enim plus praestant quam,
quibus frui tranquillo otio licet.
Itaque hi,
quibus multum ad propositum bene vivendi confert securitas publica,
necesse est auctorem huius boni ut parentem colant,
multo quidem magis quam illi inquieti et in medio positi,
qui multa principibus debent, sed multa et imputant,
quibus numquam tam plene occurrere ulla liberalitas potest,
ut cupiditates illorum,
quae crescunt,
dum implentur,
exsatiet.

---

fidelis, -e: treuherzig, treu – **contumax, -cis:** trotzig, halsstarrig – **refractarius** (*re-frangere*): widerspenstig, widersetzlich – **contemptor, -oris** (*contemnere*): Verächter

5 **ex contrario:** im Gegenteil – **inmerito** (Adv.): unverdientermaßen, zu Unrecht – **praestare** h.: einen Dienst leisten – **tranquillus:** ruhig, ungestört – **propositum, -i:** Vorsatz, Ziel – **securitas, -atis:** Sicherheit

10 Ⓚ *necesse est <ut> ... colant* – **parens, -ntis:** Vater – **in medio positus:** in der Öffentlichkeit stehend – **imputare** h.: als Schuld anrechnen – **liberalitas, -atis:** Großzügigkeit

15 **implere** h.: stillen, befriedigen – **exsatiare:** sättigen

Quisquis autem de accipiendo cogitat,
oblitus accepti est,
nec ullum habet malum cupiditas maius,
quam quod ingrata est.
Adice nunc,
quod nemo eorum,
qui in re publica versantur,
quot vincat,
sed a quibus vincatur,
aspicit:
et illis non tam iucundum est multos post se videre
quam grave aliquem ante se.
Habet hoc vitium omnis ambitio: non respicit.
Nec ambitio tantum instabilis est, verum cupiditas omnis,
quia incipit semper a fine.

(Seneca, *Epist.* 73, 1-3)

Platon (428-348 v. Chr.):
„Philosophen sollten Könige sein ...“

1. Welche Meinung bezüglich der Philosophen in ihrem Verhältnis zum Staat versucht Seneca zu widerlegen?
2. Wie soll sich ein Philosoph dem Staat gegenüber verhalten? Warum?
3. Welcher Wert im Hinblick auf das Ziel eines guten Lebens wird als vorrangig herausgestellt? Welche Rolle spielt dabei das *otium*?
4. Gegen welche Typen von Mensch hebt Seneca die Philosophen ab? Was wirft er jenen vor? Inwiefern ist deren Verhalten offensichtlich zeitlos und unabhängig von der jeweiligen Staatsform?

Auguste Rodin: Der Denker, 19. Jh.,
Paris, Musée Rodin

Ⓚ Beachte den Gegensatz *de accipiendo – accepti*

Ⓚ Die ind. Fragesätze *quot ..., sed a quibus* sind Objekt zu *aspicit.* – *non tam – quam*: nicht so sehr – als vielmehr – Ⓚ *grave <est> ante se <videre>*

ambitio, -onis: Ehrgeiz – **respicere:** wörtlich zu nehmen – **instabilis, -e** (*in - stare*): ohne festen Stand, unsicher, unstet – **a fine:** vom / am (erreichten) Ende

4.2 Der Staat als Lebensraum des Philosophen

At ille vir sincerus ac purus,
qui reliquit curiam et forum et omnem administrationem rei publicae,
ut ad ampliora secederet,
diligit illos,
per quos hoc ei facere tuto licet,
solusque illis gratuitum testimonium reddit et magnam rem nescientibus debet.
Quemadmodum praeceptores suos veneratur ac suspicit,
quorum beneficio illis inviis exiit,
sic et hos,
sub quorum tutela positus exercet artes suas.
Verum alios quoque rex viribus suis protegit. Quis negat?

44-55 Aber wie dem Neptun mehr zu verdanken meint – von denen, die dieselbe Meeresruhe nutzen konnten –, wer mehr und wertvollere Waren über jenes Meer gebracht hat, wie freudiger ein Kaufmann als ein Fahrgast einlöst ein Gelübde und von den Kaufleuten selbst überschwänglicher dankbar ist, wer Spezereien, Purpur und Goldes werte Waren transportiert hat, als wer gerade das billigste Zeug, und als Ballast dienend, geladen hatte: so berührt dieses Friedens Wohltat, obwohl er sich an alle wendet, tiefer die Menschen, die ihn gut zu nutzen wissen.

(Seneca, *Epist.* 73, 4-5, Übersetzung von Manfred Rosenbach)

Blick über das Forum (Rekonstruktion)

sincerus: rechtschaffen, unbescholten – **administratio, -onis** (*administrare*): Verwaltung **amplus:** geräumig, bedeutend, wichtig – **tuto** (Adv.): sicher, ohne Risiko – **gratuitus:** unentgeltlich, ohne Gegengabe – **testimonium reddere:** ein Zeugnis leisten – Ⓚ Erg. *<eis> nescientibus* – **praeceptor, -oris:** Lehrer – **suspicere:** bewundernd aufschauen, bewundern **invia, -orum:** unwegsame Gebiete, wegloses Gelände – **exire alqa re:** aus etwas herauskommen, entrinnen – **tutela, -ae** (*tueri*): Schutz – Ⓚ PC: Verb. *sub ... tutela positus* – **verum:** aber – **protegere:** schützen

1. Welche Begriffe verwendet Seneca, um den Bereich der politischen Tätigkeit zu kennzeichnen? Was meinen sie jeweils?
2. Wer ist mit *vir sincerus ac purus* in Z. 33 gemeint? Wovon und wozu glaubt dieser sich zurückziehen zu müssen?
3. Welche Einstellung hat der „Nicht-Politiker" gegenüber den Staatslenkern? Was verdankt er diesen?
4. Seneca benützt, um dieses Dankverhältnis zu verdeutlichen, einen Vergleich. Welche Bereiche werden miteinander in Beziehung gesetzt? Was ist das „Gemeinsame Dritte" des Vergleichs? Welche Abstufungen im Dankverhältnis lässt der Vergleich erkennen? Welcher Wert erhält dabei ein besonderes Gewicht?
5. In welchem Lichte erscheint hier der Staatslenker? Halten Sie ein solches Verhältnis zum Staat aus heutiger Sicht für angemessen?

4.3 Der Friede als öffentlicher Besitz

Multi enim sunt ex his togatis,
  quibus pax operiosior bello est:
An idem existimas pro pace debere eos,
  qui illam ebrietati aut libidini impendunt aut aliis vitiis,
  quae vel bello rumpenda sunt?
  Nisi forte tam iniquum putas esse sapientem,
  ut nihil viritim se debere pro communibus bonis iudicet.
Soli lunaeque plurimum debeo, et non uni mihi oriuntur:
anno temperantique annum deo privatim obligatus sum,
  quamvis nihil in meum honorem discripta tempora sint.
Stulta avaritia mortalium possessionem proprietatemque discernit
nec quicquam suum credit esse,
  quod publicum est.
At ille sapiens nihil magis suum iudicat
  quam cuius illi cum humano genere consortium est.
Nec enim essent ita communia,
  nisi pars illorum pertineret ad singulos.
Socium efficit etiam,
  quod ex minima portione commune est.

(Seneca, *Epist.* 73, 6-7)

---

togatus, -i: „Togaträger", d.h. römischer Bürger – **operosus** (*opus*): mühevoll, anstrengend – **ebrietas, -atis:** Betrunkenheit – **impendere:** aufwenden
vel: sogar – **nisi forte:** es sei denn dass – **iniquus** (*aequus*): ungerecht, unbillig, egoistisch – **viritim** (*vir*): Mann für Mann, als Einzelner, persönlich – **temperare alqd:** etwas ordnen – **obligatum esse alci:** jdm. verpflichtet sein
quamvis: mag auch, obwohl – **nihil** (Adv.): in keiner Weise, keineswegs – **discribere:** einteilen – **possessio, -onis** (*possidere*): Besitz – **proprietas, -atis** (*proprius*): Eigentum
consortium est alcs alci: jd. hat gemeinsamen Besitz an etwas – **pertinere ad alqm:** jdm. gehören – Ⓚ Erg. *<aliquem> socium efficit*; **efficere:** machen zu – **socius, -i** h.: Teilhaber an einer Gemeinschaft – **ex minima portione:** zu einem ganz geringen Teil

1. Welche Einstellung zu Krieg und Frieden schreibt Seneca den Bürgern zu?
2. Als was erscheint dem Weisen der Friede? Zu welchen Gütern zählt er ihn?
3. Mit welchem Vergleich versucht Seneca Zugehörigkeit und Wert des Friedens zu verdeutlichen?
4. Wie steht der *sapiens* zum Eigentum „Frieden“? Welchen Anspruch dürfen der Einzelne und die Gemeinschaft darauf erheben?
5. Lässt sich diese Auffassung des Philosophen auch heute noch so vertreten? Begründen Sie Ihre Antwort.

Römische Kaiser, wie z.B. Augustus, machten auf Münzen mit der Friedensparole (PAX) Propaganda.

4.4 Die Leistungen des Staates

Von einer öffentlichen Spende bekommen so viel die Menschen, wie ihnen pro Kopf versprochen worden ist; ein Festmahl, eine Fleischverteilung und was immer anderes in die Hand genommen wird, geht in viele Teile.

At haec individua bona, pax et libertas,
ea tam omnium tota quam singulorum sunt.

Cogitat itaque,
per quem sibi horum usus fructusque contingat,
per quem non ad arma illum nec ad servandas vigilias nec ad tuenda moenia et multiplex belli tributum publica necessitas vocet,
agitque gubernatori suo gratias.
Hoc docet philosophia praecipue, bene debere beneficia, bene solvere:
interdum autem solutio est ipsa confessio.
Confitebitur ergo multum se debere ei,
cuius administratione ac providentia
contingit ille pingue otium et arbitrium sui temporis et inperturbata publicis occupationibus quies.

(Seneca, *Epist.* 73, 8-10)

---

75 **individuus:** unteilbar – Ⓚ *omnium singulorum*: Gen. poss.

80 **fructus, -us:** Nutznießung, Genuss – **vigilia, -ae:** Wache, Wachdienst (*vigilias servare*: „Wache schieben“) – **multiplex, -icis:** vielfältig – **tributum, -i:** Steuer, Abgabe – **necessitas, -atis** (*necesse*): Notlage, Zwang, Notwendigkeit

85 **praecipue:** in besonderem Maße, vornehmlich – **bene debere beneficia:** sich in der richtigen Haltung für Wohltaten verpflichtet fühlen – **solvere** h.: zurückzahlen, vergelten; **solutio, -onis:** Subst. zu *solvere* – **confessio, -onis** (*confiteri*): Eingeständnis, Anerkennung – **administratio, -onis** (*administrare*): Verwaltung – **providentia, -ae** (*providere*): Vorhersehung, Vorsorge, Weitblick – **pinguis, -e:** fett, reichhaltig – **arbitrium, -i:** (*arbitrari*) Meinung, Entscheidung – **inperturbatus:** ungestört, unbeeinträchtigt

90 **occupatio, -onis:** (*occupare*): Beschäftigung, Inanspruchnahme

1. Welche Wertbegriffe verbindet Seneca als Leistungen des Staates scheinbar problemlos miteinander?
2. Wer bringt den Philosophen in den Genuss dieser Werte? Und was schuldet er diesem? Welche Lehre von Seiten der Philosophie leitet er daraus allgemein ab?
3. Was muss ein Herrscher dem Philosophen ermöglichen?
4. Was ist unter *publica necessitas* zu verstehen? Wie will sich der Philosoph dieser *publica necessitas* stellen? Ist eine solche Einstellung gegenüber dem Staat für einen Intellektuellen angemessen? Begründen Sie Ihre Meinung.

Fragen zur Gesamtinterpretation des Briefes

1. Hat Seneca diesen Brief wohl vor oder nach seinem Rückzug aus der Politik geschrieben? Begründen Sie Ihre Vermutung.
2. Fassen Sie Senecas Konzeption über das Verhältnis des Philosophen zu Staat und Herrscher stichwortartig zusammen.
3. Seneca hat diese Konzeption einerseits möglichst unabhängig von seinem eigenen Schicksal entwickelt, andererseits spiegelt der Brief indirekt auch seine persönliche Situation. Machen Sie diesen Umstand am Text fest.
4. Wie mutet die Kombination von „Frieden und Freiheit“ unter einem Herrscher wie Nero an? Denken Sie dabei an das Ende des Philosophen.
5. Was ist in der modernen Staatsform der Demokratie anders, was gleich?

Porträtbüste Neros, mit dessen Tod die durch Augustus begründete julisch-claudische Dynastie erlosch. Rom, Kapitolinisches Museum

5. Vergleichstexte

5.1 Ciceros Staatsdefinition

In Ciceros staatsphilosophischem Werk *De re publica* unterhält sich eine Gruppe gebildeter Römer über das Wesen, den Ursprung und die Aufgaben des Staates; die Teilnehmer des Gespräches gehören größtenteils dem so genannten Scipionenkreis an, welcher der Philosophie der Stoa nahe stand. Dabei wird vor allem die Frage gestellt, warum es einen Staat geben muss; ein Gesprächsteilnehmer, Scipio Africanus, sagt:

Bei Cicero äußern sich Weise *über den Staat* (aus einer alten Schulausgabe zu *De re publica*)

Est igitur res publica res populi, populus autem non omnis hominum coetus quoquo modo congregatus, sed coetus multitudinis iuris consensu et utilitatis communione sociatus. Eius autem prima causa coeundi est non tam imbecillitas quam naturalis quaedam hominum quasi congregatio; non est enim singulare nec solivagum genus hoc ...
Haec [d.i. die Ansicht, dass die Menschen zum Schutz vor wilden Tieren eine Staatsgemeinschaft gegründet hätten] aliis delira visa sunt, ut fuerunt, dixeruntque non ferarum laniatus causam fuisse coeundi, sed ipsam potius humanitatem; itaque inter se congregatos, quod natura hominum solitudinis fugiens et communionis ac societatis appetens esset.

(Cicero, *De re publica* I 25, 29, 40: Referat des Laktanz)

1. Mit welcher Wortverbindung bezeichnet Cicero den „Staat“? Inwiefern drückt er in seiner Begriffsbestimmung die Identifikation von Staat und Volk aus?
2. Warum hat sich nach Ciceros Auffassung ein Staat gebildet? Inwiefern stimmt Ciceros Theorie mit der des griechischen Philosophen Aristoteles überein, dass der Mensch von Natur aus ein auf den Staat hin angelegtes Lebewesen sei (ho ánthropos phýsei zóon politikón)? Inwiefern stimmt auch Seneca damit überein?
3. Cicero stellt weiter fest: *Omnis res publica consilio quodam regenda est.* (I 26/41). Was ist mit *consilium* hier gemeint? Wer kann dieses *consilium* inne haben? Welche Staatsformen lassen sich davon ableiten?

---

quoquo modo: auf jede beliebige Art – **congregare** (*grex*): „verherden“, vereinigen – **coetus, -us** (*coire*): Vereinigung, Versammlung, Gruppe – **consensus, -us** (*consentire*): Übereinstimmung – **communio, -onis** (*communis*): Gemeinschaft – **sociare** (*socius*): vereinigen, verbinden – **coire:** zusammenkommen, sich vereinigen – **non tam ... quam:** nicht so sehr ... als vielmehr – **imbecillitas, -atis:** (körperliche) Schwäche – **congregatio, -onis** (*congregare / grex*): Herdentrieb, Bedürfnis nach Vereinigung
singularis, -e: einzig, einzeln – **solivagus** (*solus; vagari*): allein umherschweifend, einzelgängerisch – **delirus:** unsinnig, absurd – (*ferarum*) **laniatus, -us:** das Zerreißen; die Gefahr zerrissen zu werden (von den wilden Tieren) – **solitudo, -inis** (*solus*): Einsamkeit
appentens alcs rei: streben nach etwas

4. Wenn der „Staat“ mit der „Sache des Volkes“ identisch ist, unter welcher Bedingung ist dann die beste Verfassung gegeben? In welcher Form ist diese Bedingung in der römischen Verfassung (*res publica libera*) zur Zeit Ciceros erfüllt?
5. Wenn ein Staat die Freiheit zum Prinzip erhebt, ist dann Ciceros These, dass sich gerade die Intellektuellen, also die Philosophen, am Staatsdienst beteiligen sollen, folgerichtig?
6. Welcher Unterschied besteht zwischen Senecas und Ciceros Vorstellungen? Wie lässt sich dieser erklären? Berücksichtigen Sie dabei, dass Seneca vom „Staat“ nur als *publica*, „das Öffentliche“, „die politischen Aufgaben“ spricht.

5.2 Thomas von Aquin

Der hl. Thomas von Aquin (1225-1274), bedeutendster Vertreter der scholastischen Philosophie und höchste wissenschaftliche Autorität des Mittelalters, hat neben seinen großen theologischen Werken auch ein Werk „Über die Herrschaft der Fürsten“ geschrieben. Über das erste Kapitel stellt er das Motto, dass die vernunftbegabten Menschen, da sie zusammen leben, von jemandem zuverlässig regiert werden müssten (*Necesse est homines simul viventes ab aliquo diligenter regi*). Würde jeder für sich leben, wäre das nicht notwendig. Aber das erweist sich ihm als unmöglich:

Naturale autem est homini, ut sit animal sociale et politicum, in multitudine vivens, magis etiam quam omnia alia animalia, quod quidem naturalis necessitas declarat ... Nam unus homo per se sufficienter vitam transigere non posset. Est igitur homini naturale, quod in societate multorum vivat.

(*De regimine principum* I 1)

Francesco Traina: Der Triumph des heiligen Thomas von Aquin, Pisa, S. Caterina

naturalis, -e (*natura*): naturgegeben, natürlich – **socialis, -e** (*socius*): gesellig, gemeinschaftsbedürftig – **politicus:** politisch, auf den Staat hin angelegt – **quod** h.: soweit – **quidem:** jedenfalls – **necessitas, -atis** (*necesse*): Notwendigkeit, Notlage, Bedürfnislage – **sufficienter** (Adv.): genügend, autark (von anderen unabhängig) – **transigere:** verbringen

1. Inwiefern schließt Thomas mit seiner Auffassung von „Mensch und Staat“ an antike Vorstellungen an? Machen Sie das an den lateinischen Begriffen fest.
2. Was erwartet der Theologe vom „Fürsten“? Welche dem Menschen gegebene Fähigkeit muss gerade er am stärksten zur Geltung bringen? Inwiefern lässt sich auch hier eine Verbindung zur Antike herstellen?

5.3 Thomas Hobbes

Der englische Philosoph Thomas Hobbes (1588-1679) legt seiner Staatstheorie die Auffassung zugrunde, dass „der Mensch dem Menschen ein Wolf sei“ (*Homo homini lupus*). Das bedeutet: Jeder Mensch ist von Natur aus darauf bedacht, sich selbst zu erhalten und das zu bekommen, was dieser Selbsterhaltung dient. Wenn zwei aber dasselbe wollen, dann werden sie einander Feinde (*hostes*) und versuchen sich durch List oder Körperkraft zu töten. Das Wichtigste ist, dem anderen in diesem Vorhaben zuvorzukommen. Am Ende steht der „Krieg aller gegen alle“ (*bellum omnium contra omnes*). Um dies zu verhindern, bedürfen die Menschen des Staates.

Thomas Hobbes, Porträt von J. M. Wright, 1669, Cambridge, King's College

Instituitur civitas,
quando homines, sponte sua convenientes, singuli cum singulis paciscantur,
ut,
cuicumque homini vel coetui pars maior suffragiis suis
personam omnium gerendi ius contribuit,
illi homines oboedirent ...
Ego huic homini vel huic coetui auctoritatem et ius meum
regendi me ipsum concedo, ea condicione,
ut tu quoque tuam auctoritatem et ius tuum tui regendi in eundem
transferas.
Quo facto multitudo illa una persona est et vocatur Civitas et Respublica.
Atque haec est generatio magni illius Leviathan.

(*Leviathan* XVII 131)

---

instituere: beginnen, begründen – **sponte sua:** freiwillig – **convenire:** übereinkommen, sich einigen (vgl. „Konvention“) – **pacisci** (*pax*): einen Vertrag schließen – **coetus, -us** (*co-ire*): Versammlung, Gruppe (von Menschen) – **suffragium, -i:** Stimme, Votum

Ⓚ Ordne: *contribuit ius gerendi personam omnium* – **personam alcs gerere:** die Rolle jmds. spielen, übernehmen – **contribuere:** zuteilen, erteilen – **oboedire:** gehorchen – **transferre in alqm:** auf jdn. übertragen

generatio, -onis: Schöpfung – **Leviathan:** Titel des hobbesschen Staatswerkes; „das Tier aus dem Meer“ (Hiob 14), ein biblisches Ungeheuer, das Angst und Schrecken verbreitet, hier als Metapher für den Staat und den Staatsführer verwendet a

1. Welcher Gegensatz besteht zwischen Hobbes einerseits und Seneca, Cicero, Thomas von Aquin andererseits in der Begründung des Staates?
2. Thomas von Aquins These lautet: *Homo homini amicus*. Ähnlich urteilt Cicero: *Homines ad se diligendos nati sunt*. Stellen Sie dagegen Hobbes' These. Welcher würden Sie zustimmen? Warum?
3. Welche Funktion kommt dem Staatsführer bei Hobbes zu? Welche Fähigkeiten muss dieser haben? Inwiefern ist der Philosoph dazu ungeeignet?
4. Hobbes' Staatstheorie hat den europäischen Absolutismus mitbegründet. Warum konnte er auch im „Dritten Reich" als Kronzeuge für das Staatssystem benützt werden?
5. Den Schrecken des „Leviathan" sieht man allseits in Francisco de Goyas Bild „El Gigante o El Pánico" (1812) gespiegelt. Was könnte der Anlass zu solcher Gleichsetzung sein?

Francisco de Goya: El Gigante o El Pánico, 19. Jh., Madrid, Museo del Prado

Weiterführende Literatur zu den einzelnen Projekten

1. Nepos: Der Eid des Hannibal

Glücklich, H.-J./Reitzner, S.: Die Hannibalbiographie des Nepos im Unterricht, Göttingen 1985.

Golttsachnigg, D,: Jelusich. In: NDB 10, 398 ff.

Groag, E.: Hannibal als Politiker, Wien 1929.

Hofmann, W.: Hannibal, Göttingen 1962.

Hofmann, H./Pietschmann, J.: Cornelius Nepos, De viris illustribus, Bamberg 1983, 99 ff.

Jelusich, M.: Hannibal, Wien/Salzburg 1943.

Kleinsteubner, H. J.: Stereotype, Images, Vorurteile. Bilder in den Köpfen der Menschen. In: Trautmann, G.: Die hässlichen Deutschen? Darmstadt 1991, 60-68.

Kornemann, E.: Römische Geschichte, Bd. 1: Die Zeit der Republik, Stuttgart 1964.

Maier, F.: Eine Szene mit weltgeschichtlichen Folgen. Hannibals Eid auf die ewige Feindschaft mit Rom. In: Auxilia 14, Bamberg 1988, 18-38.

Schönberger, O.: Von Nepos bis zum Neuen Testament, Auxilia 14, Bamberg 1985, 3-22.

2. Caesar: Die Freiheit der Barbaren

Gelzer, M.: Caesar, Politiker und Staatsmann, Wiesbaden 1982.

Maier, F.: Die Freiheit der Feinde. In: Caesar im Visier. Auxilia 37, Bamberg 1995, 83-96.

Ders.: Die Freiheit der Barbaren. Die Geburt des Freiheitshelden Vercingetorix in Caesars *Bellum Gallicum.* In: Zukunft der Antike. Die klassischen Sprachen am Scheideweg, Bamberg 2001, 208-217.

Meier, Chr.: Caesar, Berlin 1982.

Mensching, E.: Caesars Bellum Gallicum. Eine Einführung, Frankfurt 1988.

Münkler. H./Grünberger, H.: Die alten und die neuen Barbaren. In: humboldt spectrum, 6. Jg., Heft 1/99, 26 ff.

Petersen, O.: Freiheit, Sklaverei und die moderne Konstruktion der Rechte. In: Ganz, O. (Hg.): Menschenrechte in der Geschichte, Frankfurt 1998, 141-193.

Richter, W.: Caesar als Darsteller seiner Taten, Heidelberg 1977.

Schieffer, R.: Die Rede des Critognatus (BG 77) und Caesars Urteil über den gallischen Krieg, Gymnasium 79 (1972), 478 ff.

Schwarz, F. F.: Caesar oder der Triumph der Verwirklichung. In: Ianus 11 (1999), 8-14.

Timpe, D.: Rom und die Barbaren des Nordens. In: Begegnung mit dem Fremden (hg. von Schuster, M.), Berlin 1990, 45-70.

Will, W.: Julius Caesar. Eine Bilanz, Stuttgart/Berlin/Köln 1992.

3. Livius: Die Kapitolinischen Gänse

Gährken, B.: Livius. In: Interpretationen lateinischer Schulautoren (hg. von Krefeld, H.), Frankfurt 1968, 181-201.

Gruber, J.: Plädoyer für Livius. In: Die Antike als Begleiterin. Dialog Schule und Wissenschaft (hg. von Neukam, P.), München 1990, 26-41.

Ders.: Livius im Unterricht. In: Liviusinterpretationen. Auxilia 38, Bamberg 1995, 4-48.

MAIER, F.: Kapitolinische Gänse schnattern nicht. In: Anregung 40 (1994), 365-371.
DERS.: Die Kapitolinischen Gänse. Aktuelle Stichwörter aus römischer Quelle. In: Maier, F.: Antike aktuell. Eine humanistische Mitgift an Europa, Bamberg 1995, 129-136.
MEUSEL, H.: Die römische Auffassung der Geschichtsschreibung – Ausgewählte Stellen aus der 1. Dekade des Livius (u.a. auch M. Manlius, Galliereinfall). In: Lernziel und Lektüre. Unterrichtsprojekte im Fach Latein (hg. von Römisch, E.), Stuttgart 1974, 67-146.

4. SALLUST: Asiens Widerstand gegen Rom

V. ALBRECHT, M.: Geschichte der römischen Literatur, Bd. 1, München/New Providence, London, Paris 1994, 347 ff.
BÜCHNER, K.: Römische Literaturgeschichte. Ihre Grundzüge in interpretierender Darstellung, Stuttgart 1962.
HOBSBAWN, E.: Wie viel Geschichte braucht die Zukunft? München/Wien 1998.
KLINZ, A.: Sallust als Schulautor. AUXILIA 11, Bamberg 1985.
DERS.: Sallust als Geschichtsdenker. In: Gymnasium 85 (1978), 511 ff.
KOSCHINSKI, J.: Dignitas, Libertas, Virtus im Rahmen der Sallustlektüre. In: AU XI 5 (1968), 62 ff.
MAIER, F.: Die Idee der Freiheit als politisches Instrument. Überlegungen zum Mithridates-Brief des Sallust. In: Maier, F.: Antike aktuell, Bamberg 1995, 248-255.
DERS.: Kritik am Imperium Romanum: Die Stimme des Ostens. In: Anregung 40 (1994), 82-88.
DERS.: Römischer „Imperialismus im Pro und Contra antiker Texte. In: Lateinunterricht zwischen Tradition und Fortschritt, Bd. 3, Bamberg 1995, 81-131.
SCHIROK, E.: Herrschaft und Herrschaftsanspruch. Römisches Selbstverständnis. In: FRUCTUS, Freiburg/Würzburg 1977, 29-32.
VOLKMANN, H.: Antike Romkritik, Topik und historische Wirklichkeit. In: Gymnasium 4 (1965), 9-20.

5. SUETON: Das Attentat auf Caesar

ALFÖLDI, A.: Caesars Tragödie im Spiegel der Münzprägung des Jahres 44 v. Chr. In: Schweizer Münzblätter 4 (1953), 1-11.
DAHLHEIM, W.: Die Iden des März. In: Julius Caesar, Die Ehre des Kriegers und der Untergang der römischen Republik, München/Zürich 1987, 190 ff.
HANCHETT, W.: The Lincoln Murder Conspiracies, Chicago 1983.
LLOYD, L.: Myths after Lincoln, New York 1929.
MAIER, F.: Die Ermordung Caesars – Die Iden des März. In: Caesar · Bellum Gallicum, Lehrerkommentar, Bamberg 2000, 178-182.
MARTINET, H.: Suetonius Tranquillus, Gaius, Die Kaiserviten, lat. und dt. übers., Düsseldorf/Zürich 1997.
MEIER, CHR.: Caesar, Berlin 1982, 562 ff.
RAFFALT, R.: Große Kaiser Roms, München 1977, 21 ff.
WILL, W.: Julius Caesar. Eine Bilanz, Stuttgart/Berlin/Köln 1992, 213 ff.
WALLACE-HADRILL, S.: The Scholar and his Caesars, London 1983.
WILDER, TH.: Die Iden des März, Frankfurt 1948.

6. Ovid: Die Lykischen Bauern

v. Albrecht, M.: Interpretationen und Unterrichtsvorschläge zu Ovids „Metamorphosen" im Unterricht, Consilia, Lehrerkommentar, Göttingen 1984, 64-68.
Brunner, A.: Gottesbild und Menschenbild. In: Stimmen der Zeit, H. 6 (1985), 363-373.
Henrichs, A.: Die Götter Griechenlands. Ihr Bild im Wandel der Religionswissenschaft, Bamberg 1987.
Maier, F.: Der Gott des antiken Mythos – eine Herausforderung für den aufgeklärten Menschen? Anstöße zur Ovid-Interpretation in der Mittelstufe. In: Reflexionen antiker Kulturen. Reihe Dialog Schule und Wissenschaft (hg. von Neukam, P.), München 1986, 78-99.
Ders.: Wie halten wir es mit den antiken Göttern? Ovids „Lykische Bauern" als Unterrichtsmodell. In: Lebendige Vermittlung lateinischer Texte, Auxilia 18, Bamberg 1988, 53-85.
Pettazzoni, R.: Die Wahrheit des Mythos. In: Kerenyi, K.: Die Eröffnung des Zugangs zum Mythos, Darmstadt 1982.
Römisch, E.: Metamorphosen Ovids im Unterricht, Heidelberg 1976, 10ff.
Stroux, J.: Ovids Metamorphosen und ihre Behandlung in der Schule. In: v. Albrecht, M./Zinn, E. (Hg.): Ovid, Wege der Forschung XCII, Darmstadt 1968, 294-315.
Vögler, G.: Der Begriff der „Metamorphose" bei Ovid. Am Beispiel der Erzählung von den „Lykischen Bauern" und von „Philemon und Baucis", AU 18,1 (1975), 25-31.

7. Cicero: Von der Würde einer fremden Kultur

Bengtson, H.: Griechische Geschichte, München 1950, 90f.
Blumenwitz, D.: Grundlegung der Menschenrechte in der westlichen Kultur. In: Sonderheft der Hanns-Seidel-Stiftung 1 (1995), 5-12.
Christes, J.: Rom und die Fremden. In: Jugend und Bildung im antiken Rom. Zu Grundlagen römischen Lebens. Auxilia 43, Bamberg 1997, 97-124.
Harder, R.: Das Prooemium von Ciceros Tuskulanen: Die Antithese Rom – Griechenland. In: Ermeneia, Festschrift für Otto Regenbogen, Heidelberg 1952, 104-118.
Huntington, S.: Der Kampf der Kulturen, München/Wien 1977.
Jüthner, J.: Hellenen und Barbaren. Aus der Geschichte des griechischen Nationalbewußtseins. In: Das Erbe der Alten 8 (1923), 118ff.
Lauffer, S.: Die wirtschaftliche und soziale Bedeutung der Sklaverei. In: Lebendige Lektüre. Reihe Dialog Schule und Wissenschaft (hg. von Neukam, P.), Bd. 10, München 1977, 3-35.
Maier, F.: Die Würde einer fremden Kultur. Ciceros folgenreiches Dilemma in Europa (zu Ep. ad Q. fr. II 27-30). In: Zukunft der Antike. Die klassischen Sprachen am Scheideweg, Bamberg 2000, 172-184.
Maier, H.: Wie universal sind die Menschenrechte? Freiburg/Basel/Wien 1997.
Müller, H.: Das Zusammenleben der Kulturen. Ein Gegenentwurf zu Huntington, Frankfurt 1999.
Münkler. H./Grünberger, H.: Die alten und die neuen Barbaren. In: humboldt spectrum, 6. Jg., Heft 1/99, 26ff.
Wetz, F. J.: Die Würde des Menschen ist antastbar. Eine Provokation, Stuttgart 1980.

8. Horaz: Die Fabel von Stadt- und Landmaus

v. Albrecht, M.: Geschichte der römischen Literatur, Bd. 1, München/New Providence, London, Paris 1994, 565ff.
Bond, R. P.: Dialectic, Eclectic and Myth in Horace, Satires 2,6. In: antichton 19 (1985), 68-86.
Brummack, J.: Zu Begriff und Theorie der Satire. In: Deutsche Vierteljahresschrift für Literaturwissenschaft und Geisteswissenschaft (hg. von Kluckhohn, P.), 45. Jg. (1971), Sonderheft, 276-379.
Büchner, K.: Die römische Lyrik. Texte, Übersetzungen, Interpretationen, Geschichte, Stuttgart 1976.
Holzberg, N.: Die Fabel von der Stadtmaus und Landmaus bei Phaedrus und Horaz. In: Würzburger Jahrbücher NF 17 (1991), 237ff.
Klingner, F.: Römische Geisteswelt, München 1956.
Korzeniewski, D. (Hg.): Die römische Satire. Wege der Forschung, Bd. 238, Darmstadt 1970.
Maier, F.: Passt Horaz in ein modernes Curriculum? Zu Problemen der Dichterlektüre im curricularen System. In: Werte der Antike, Reihe Dialog Schule und Wissenschaft, Bd. 9 (hg. von Hörmann, F.), München 1976, 134-160.
Maier, U.: Eine Facharbeit: „Horaz und Tucholsky im Vergleich. Die Satire in Antike und Gegenwart aus der Sicht einer Schülerin". In: Maier, F.: Lateinunterricht zwischen Tradition und Fortschritt, Bd. 3, Bamberg 1995, 364-386.

9. Seneca: Ein Philosoph als Staatsführer?

Büchner, K.: Cicero, De re publica, Heidelberg 1984.
Fuhrmann, M.: Seneca und Kaiser Nero, Eine Biographie, Berlin 1977.
Griffin, M.: Seneca a Philosopher in Politics, Oxford 1976.
Hauck, P.: L. Annaeus Seneca. Ausgewählte moralische Briefe, Berlin 1910.
Krefeld, H.: Anpassung und Widerstand. Senecas Philosophie und der Staat seiner Zeit. In: Fortwirkende Antike. Reihe Dialog Schule und Wissenschaft (hg. von Hörmann, F.), Bd. 6 (1971), 124-132.
Kunkel, W.: Römische Rechtsgeschichte. Eine Einführung, Köln/Prag 1956.
Lausberg, M.: Cicero, Seneca, Plinius. Zur Geschichte des römischen Prosabriefes. In: Anregung 37 (1991), 82-100.
Maier, F.: Der Staat als Ungeheuer. Hobbes' Leviathan im Vergleich mit Ciceros De re publica. In: Lebendige Vermittlung lateinischer Texte. Auxilia 18 (1988), Bamberg, 141-173.
Maier, H.: Hobbes. In: Klassiker des politischen Denkens, Bd. 1 (hg. von Maier, H. u.a.), München 1968, 351-376.
Matz, U.: Thomas von Aquin. In: Klassiker des politischen Denkens, Bd. 1, München 1968, 114-146.
Maurach, G.: Der Bau von Senecas Epistulae morales, Heidelberg, 1970.
Reinhart, G./Schirok, E: Senecas Epistulae morales. Zwei Wege ihrer Vermittlung, Auxilia 19, Bamberg 1988.
Schmitt, C.: Der Leviathan in der Staatslehre des Thomas Hobbes, Köln 1982.
Suerbaum, W.: Vom antiken zum frühmittelalterlichen Staatsbegriff, Münster 1970.
Weinreich, O.: Der Staatsmann und Dichter Seneca als politischer Erzieher, Würzburg 1938

Inhalt

Vorwort 3

Didaktische Hinweise 4

Projekte

1. **Der Eid des Hannibals (Nepos)** 6
Oder: Ob man ein Kind auf ewigen Hass einschwören darf
von Grit Arlt

2. **Die Freiheit der Barbaren (Caesar)** 18
Oder: Warum Vercingetorix hingerichtet wurde
von Astrid Heuer und Paul Kosel

3. **Die Kapitolinischen Gänse (Livius)** 34
Oder: Was das frühe Rom vor dem Untergang gerettet hat
von Friedrich Maier

4. **Asiens Widerstand gegen Rom (Sallust)** 42
Oder: Womit man Hass und Aggression gegen die Mächtigen begründet
von Elmar Elliger

5. **Das Attentat auf Caesar (Sueton)** 54
Oder: Wie der größte Römer dem Tyrannenmord zum Opfer fiel
von Christian Jessen-Klingenberg

6. **Die Lykischen Bauern (Ovid)** 66
Oder: Wie hart sich die antiken Götter rächen
von Alina Loose

7. **Die Würde einer fremden Kultur (Cicero)** 76
Oder: Wie man sich in einem anderen Land verhalten soll
von Katharina Taddey

8. **Die Fabel von Stadt- und Landmaus (Horaz)** 86
Oder: Was mich eigentlich zufrieden macht
von Markus Kräutlein

9. **Ein Philosoph als Staatsführer? (Seneca)** 100
Oder: Warum die Menschen der Gemeinschaft bedürfen
von Friedrich Maier

Weiterführende Literatur zu den einzelnen Projekten 113

Bildnachweis

Umschlag: Richard und Uli Seewald-Stiftung / AKG, Berlin; 6: BPK, Berlin; 8: AKG, Berlin; 9: AKG, Berlin; 11: AKG, Berlin; 12: AKG, Berlin; 17: AKG, Berlin; 18: Gerhard Dittrich, Bamberg; 21: Danyel Massacrien / Ville de Clermont-Ferrand; 24a: Anke Bell, Berlin; 26: Artothek, Peissenberg; 31: Bavaria Bildagentur, Gauting / Giraudon; 32a: AKG, Berlin; 32b: Gerhard Dittrich, Bamberg; 33: Astrid Heuer, Berlin; 34: Udo Weitz / Bilderdienst Süddeutscher Verlag, München; 35: H. Haitzinger; 38: AKG, Berlin; 44: AKG, Berlin; 45: Bilderdienst Süddeutscher Verlag, München; 63: Bilderdienst Süddeutscher Verlag, München; 66: Andrea Späth / Bilderdienst Süddeutscher Verlag, München; 70: AKG, Berlin; 71: Andrea Späth / Bilderdienst Süddeutscher Verlag, München; 73: AKG, Berlin; 88: Röhnert / Bilderdienst Süddeutscher Verlag, München; 90: Bilderdienst Süddeutscher Verlag, München; 91: Eva und Ernst Haidle, Pullach (Erstveröffentlichung in: Marion Giebel, Treffpunkt Tusculum, Stuttgart 1995); 97: Bildarchiv der Österreichischen Nationalbibliothek; 100: Alfredo Dagli Orti / BPK, Berlin; 111: BPK, Berlin; 112: Daniel / Interfoto, München; Verlagsarchiv.

ANTIKE UND GEGENWART

Lateinische Texte zur Erschließung europäischer Kultur

Herausgegeben von Prof. Dr. Friedrich Maier, Humboldt-Universität Berlin

1. Stichwörter der europäischen Kultur
Bearbeitet von Friedrich Maier,
Best.-Nr. 5941

2. Cicero · In Verrem
Kulturkriminalität oder:
Redekunst als Waffe.
Bearbeitet von Friedrich Maier,
Best.-Nr. 5942

3. Grundtexte Europas
Epochale Ereignisse und
Existenzprobleme der Menschheit.
Bearbeitet von Friedrich Maier,
Best.-Nr. 5943

4. Cives mundi sumus omnes
Erasmus von Rotterdam:
Apophthegmata.
Bearbeitet von Kurt Benedicter,
Best.-Nr. 5944

5. Velut in speculum inspicere
Der Mensch im Spiegel
der Fabel (Phaedrus).
Bearbeitet von Maria Ausserhofer
und Martina Adami,
Best.-Nr. 5945

6. Werte der Antike - Werte Europas
Projekte zur Philosophie.
Bearbeitet von Hans Leretz,
Best.-Nr. 5946

7. Virtutes Cardinales
Wert und Wirken ethischen Handelns:
Erasmus, Apophthegmata.
Bearbeitet von Kurt Benedicter,
Best.-Nr. 5947

8. Europa · Ikarus · Orpheus
Abendländische Symbolfiguren
in Ovids Metamorphosen.
Bearbeitet von Friedrich Maier,
Best.-Nr. 5948

9. Cum grano salis
Witz und Wahrheit in der Anekdote.
Bearbeitet von Maria Ausserhofer
und Martina Adami,
Best.-Nr. 5949

10. Catull · An Lesbia
Ein Liebesdichter mit
europäischer Ausstrahlung.
Bearbeitet von Friedrich Maier,
Best.-Nr. 5960

ANTIKE UND GEGENWART

11. Cicero · Philippika
Die Macht des Wortes in der Politik.
In Antonium (Oratio IV)
Bearbeitet von Klaus Mühl,
Best.-Nr. 5961

12. Antike Briefe
Cicero – Plinius – Seneca.
Bearbeitet von Kurt Benedicter,
Best.-Nr. 5962

13. Bilder der Bibel
Texte der Vulgata und
ihre Rezeption in Europa.
Bearbeitet von Florian Kopp,
Best.-Nr. 5963

14. Caesar · Bellum Gallicum
Der Typus des Machtmenschen.
Bearbeitet von Friedrich Maier,
Best.-Nr. 5964

15. Irritamenta animi
Ein lateinisches Europa-Lesebuch
Bearbeitet von Friedrich Maier und
einem studentischen Autorenteam der
Humboldt-Universität zu Berlin,
Best.-Nr. 5965

Ovid · Ars amatoria **16.**
Bearbeitet von Friedrich und
Luise Maier,
Best.-Nr. 5966

Martial · Epigramme **17.**
Parcere personis, dicere de vitiis.
Bearbeitet von Helmut Offermann,
Best.-Nr. 5967

Daphne – Narcissus – Pygmalion **18.**
Liebe im Spiegel von Leidenschaft
und Illusion.
Bearbeitet von Rudolf Henneböhl,
Best.-Nr. 5968

Pegasus **20.**
Das lateinische Lesebuch der
Mittelstufe.
Bearbeitet von Friedrich Maier,
Best.-Nr. 5980